"족첸 뾘롭 린뽀체는 불교에 대한 심오한 이해와 솔직한 언어로, 흥미롭고 가치 있는 책을 만들었다. 감정 구출 3단계란 '현대어의 옷을 입은 전통적 가르침'이다. 이 가르침을 잘 수행한다면 당신은 자유로워질 것이다."

_ 샤론 샐즈버그

"감정의 거칠고 혼란스러움에 대한 이해가 없다면 감정은 제멋대로 우리를 옭아매고 뒤흔들 것이다. 《감정 구출》은 얽힌 감정의 실타래를 풀어내, 감정이 지닌 에너지를 사용하는 법을 한걸음씩 가르치는 중요한 책이다. 더는 화, 망상, 욕망, 공격성에 휘둘릴 필요 없다."

_ 나탈리 골드버그

경험에 알아차림 한 채 앉아 있을 수 있다면,
감정들이 일어나고 자연스레 사라지는 것을
느끼고 붙들고 있을 수 있다면

감정이 어떻게 변하는지뿐만 아니라
감정에 대한 당신의 인식이 어떻게 변하는지 볼 수 있다.
그 감정에 당신이 추측하고 붙였던 이름표들까지
변화하고 있음이 보일 것이다.

마침내 모든 감정의 진정한 모습,
본래의 상태, 그들의 진면목을 경험하게 될 것이다.

_ 본문 중에서

감정 구출

일러두기

1 모든 주는 역자주입니다.
2 minful과 minfulness의 경우 동사형일 때는 '알아차리다' '알아차림 하다', 명사형일 때는 '마음챙김'으로 옮겼습니다.

emotional rescue

족첸 뺄롭 린뽀체 지음
이종복 옮김

감
정.

구
출.

감정에 휘둘리지 않는
티베트인의 알아차림과 명상

담앤북스

차례

1부 감정과 우호 관계 맺기

2부 감정을 더 탐험하기: 전통적인 불교적 접근법

감사의 말

언제나 그렇듯, 모든 것은 서로 기대어 존재한다. 따라서 이 책 역시 나 혼자의 힘으로 이루어진 것이 아니다. 우선 가장 감사해야 할 곳은 내 감정의 대상이다. 내가 지닌 감정에 대한 모든 지혜는 그 덕분이다. 혼탁한 내 마음에도 불구하고 이 책에 담긴 지혜가 빛날 수 있는 이유는 이름을 열거하기도 힘들 만큼 많은 스승들의 자비 때문이지만, 그 중에서도 특히 나의 도반인 켄포 린뽀체를 들고 싶다. 서양의 많은 단체들이 내가 경험한 동양의 지혜 전통을 공유할수록 도와주었지만 그 중에서도 특히 날란다보디와 the Treasury of Knowledge Retreat이 많은 도움을 주었다.

글자와 책의 형태로 이 지혜를 나누는 데에는 절친한 친구이자 참을성 많은 편집자인 신디 쉘튼, 쩨씨 밀러를 필두로 우리 공동체의 많은 회원들의 지속적이고 뛰어난 도움이 컸다. 이 책을 출판하는 데 도움을 주고 기여한 모든 이들에게 진심으로 감사드린다. 이에 힘입어 이 책이 많은 이들에게 도움이 되기를 바란다.

끝으로, 나의 에이전트인 윌리엄 클라크와 책을 출판하도록 도와준 타처팽귄랜덤하우스의 편집장인 사라 카더에게 감사를 표하고 싶다.

들어가는 글

어느 아름답던 가을날이었다. 수업을 막 마치고 나와 집으로 가는 길이었다. 내 머리는 어떻게 마음이 '즐거움과 괴로움의 쌍'을 만들어 내는지, 어떻게 그 둘을 마음이 순전히 투사하는지 등에 대한 논증식을 뒷받침할 이론들로 가득 차 있었다. 내 방으로 들어서는 순간, 놀랍게도 오랫동안 사이가 그다지 좋지 않았던 삼촌이 앉아 계셨다. 삼촌은 부탄으로 사업차 여행을 가신 아버지께서 돌아가셨다는 소식을 전해 주었다. 내 삶에서 가장 중요한 분이던 스승님께서 돌아가신 지 정확히 1년 되던 때였다.

그렇게 단단하고 멋져 보이던 이론과 즐거움, 괴로움이 둘이 아니라는 이 불이不二의 논증식은 순식간에 내 머릿속에서 사라져 버렸다! 어떠한 생각도 지혜도 없이 그저 충격뿐이었다. 천천히 그러나 확실히 고통의 감각이 몸과 마음에 깊숙이 퍼지고 있었다. 이 고통은 고통 혹은 고통 없음에 대한 철학적 이해가 닿을 수 있는 것이 전혀 아니었다. 그때의 생생한 감정들과 함께하는 이 고통은 감정을 탐구하는 긴 여행을 시작하는 계기가 되었다.

9

아버지는 종종 '황야' 혹은 무인 지대에 비유되는 티베트 동부 캄 지방의 리탕에서 태어났다. '캄빠'라고 불리는 캄 지방 사람들은 자신들의 전사 기질을 자랑스럽게 여긴다. 티베트 사람들은 그래서 종종 "캄빠와 엮이지 말라."라는 말을 하곤 한다. 아버지는 캄 지방이 아닌 티베트 중서부 지방에서 자랐지만, 우리 조부모님은 아버지를 '캄빠'로 키웠다. 아주 어릴 적부터 그는 전사 문화의 후예다운 기질을 드러냈다. 늘 두려움 없고 용감했지만 한편으로는 무척 친절했다. 아버지는 800년 전통의 까르마 까규빠의 수장인 16대 까르마빠[1] 랑중 릭뻬 도르제 (1924~1981)의 행정관 중 최고 수장인 서기장을 역임했다. 캄빠로서 아버지는 단순히 전사 문화의 예술에 대한 사랑으로 총과 칼을 수집했다. 그는 용감한 전사들의 영웅담의 진가를 진심으로 높이 평가했으며, 내가 어릴 적부터 종종 그 이야기들을 읽어 주곤 했다. 민감하고 영향력 있는 서기장이라는 위치 때문에, 아버지는 여러 번 목숨을 위협받았다. 그래서 총기 소지가 허용되었다. 그렇지만 내가 본 것은 주로 무기들에 담긴 아버지의 유년기와 가족 역사의 전사 문화에 대한 감상적 가치였다. 평범한 부자지간이 그렇듯, 아버지와 산속으로 함께 가 과녁 사격을 하는 것은 언제나 즐거운 일이었다.

아버지가 부탄으로 사업차 출장을 가기 전 우리는 함께 아버지의

---

1) 티베트의 4대 종파 가운데 하나인 까규빠 가운데 두 번째로 큰 분파로, 감뽀빠의 제자인 뒤숨켄빠 (1110~1193)부터 전통이 이어진다.

총을 닦고 있었다. 아버지는 총을 어떻게 분해하고 조립하는지 다시 가르쳐 주셨다. 우리는 그 아름다운 오후를 함께 보냈다. 아버지가 출발하기 바로 직전 이상하게도-왜 그러셨는지는 모르겠지만- 총을 모두 내게 건네주시고는 "이제 네가 돌봐라. 착한 아들이라면 이 총들을 잘 관리하겠지?"라고 말했고 나는 "물론이죠."라고 답했다.

국제적인 종교 단체의 고위 직책에 있었다는 이유로 아버지의 죽음을 둘러싸고 숱한 의문들이 남겨졌다. 내게 남겨진 건 수많은 생각과 감정 그리고 총기들이었다. 그때 나는 열일곱 살이었다. 사람들이 말하듯 불행은 혼자 찾아오지 않는다. 아버지가 돌아가시고 나서 어머니가 병상에 1년을 누워 계셨다. 동생들과 함께 어머니를 간병하는 동안, 나는 아버지의 사업도 관리해야 했다. 그동안 동생이 곁에서 큰 힘이 되었다. 그러나 어느 지점에 이르러 내가 인생의 교차점에 서 있고, 정제되지 않은 감정들이 나를 다른 방향으로 끌어당기고 있음을 깨달았다.

급우들과 공부하고 수행하는 것을 정말 좋아했지만 나는 가족 부양의 많은 의무에 묶여 있었다. 친구들이 공부에만 전념할 수 있다는 사실이 몹시 부러웠다! 수업은 새벽 4시에 시작해 간간히 있는 휴식 시간을 빼고는 저녁까지 이어졌다. 선생님들은 최고셨지만, 그에 걸맞게 우리에게 많은 것을 기대하셨다. 나는 성실했지만 목적을 잃어버렸다. 삶을 근근이 유지하는 데서 오는 스트레스 때문에 학교를 거의 그만둘 뻔했다. 정신적인 삶도 내동댕이치다시피 했다. 이 모든 노력들은 실제로 오직 한곳을 향하고 있었다. 밤늦게까지 공부하고 고민하며 잠 못 이루게 하는 이 불만족의 느낌을 없애 줄 무언가를 알아내는 것.

이즈음 나는 스승 한 분을 만나게 되었다. 훗날 내 인생에 가장 큰 영향을 미친 분이었다. 내 진정한 도반이기도 했다. 스승님이 보여 준 우애는 즉각적으로 내 삶에 영향을 미쳤다. 그의 안내를 받으며 나는 올바른 선택을 하는 방법을 찾았다. 나는 자비의 길을 따르며 복수심에 불타는 전사의 길을 멀리할 수 있을 만큼 용감해졌다. 그리고 스스로도 놀랍게도 수석으로 학교를 졸업했다. 결국 생각, 감정, 삶과 정신, 이 모든 것이 나의 작은 마음속에서 일어나는 것임을 이해하기에 이르렀다. 인생의 드라마 속에서 감정이 차지하는 큰 역할을 알아차렸을 때, 나는 이 감정이라는 에너지에 대해서 알 수 있는 모든 것을 찾기 위해 마음속으로 더 깊숙이 들어가기 시작했다.

감정을 상대하기 위해 내 인생 전반에 효과가 있는 실질적인 방법, 진정한 변화를 일으킬 방법을 찾을 필요가 있었다. 자신을 명료하게 볼 수 있어야 하고, 나를 부추기고 내 세계를 매일 색칠하는 감정을 느낄 수 있어야 했다. 나는 우리가 삶 속에서 현재에 머무를 수 있을 때, 이 모든 혼란과 괴로움에 뒤섞여 있는 우리 존재 그리고 이 혼란과 괴로움을 떠난 우리 존재를 발견할 기회를 잡을 수 있음을 알게 되었다. 다른 방법이 있다면, 경험에 직접 다가가기를 피하고 혼란과 괴로움을 덜

어 주지도 않고 기운을 북돋아 주지도 않는 온실 같은 세상 속에서 지내는 것이다. 사람이기 때문에 우리는 모험과 의미, 생생한 현실을 바라지만, 그와 동시에 편안함도 원한다. 우리는 해변에서 자리를 찾아 맥주 한잔하기를 원한다.

이 책은 불교를 수행하는 내 경험에 근거한 것이다. 감정과 소통할 수 있게 하는 방법을 소개해 천천히, 한 걸음씩 감정의 희생자에서 감정의 파트너로, 더 나아가 이 심오한 에너지와 소통하는 창의적인 협력자가 될 수 있도록 할 것이다. 이러한 방법들을 붓다 가르침의 몸인 불교 경전에서 찾을 수는 없겠지만, 붓다 역시 자신의 가르침이 이 책에서 소개하는 방법들에 담겨 있다고 말씀하실 것이다. (붓다는 자신의 지적 소유권에 대해 굉장히 관대하시다.)

이 책은 수 년에 걸친 나 자신의 수행과 가르침 그리고 내 제자들과 다른 이들, 이 현대 사회를 같이 살고 있는 다양한 믿음과 문화를 가진 사람들로부터 배운 것을 담은 것이다. 그들은 선함, 지식, 자비의 자질을 보여 주고는 있지만 여전히 고통을 괴로워하며 고통과 다투고 있다. 불행하게도 이 고통을 단박에 고칠 만병통치약은 없다. 우리 하나하나는 독특하며 굉장히 다양한 환경에서 사는 개별적 존재들이다. 그러나 우리 모두의 내면에는 고통과 감정적 괴로움을 극복할 수 있는 힘이 있으며, 이 극복 과정 속에서 우리의 참모습을 찾을 힘을 가지고 있다. 당신이 누구든, 어디서부터 시작하든, 당신은 이 발견에 따르는 진정한 행복을 누릴 자격이 있다.

　나는 불교도로 태어나 불교도가 아닌 삶을 살아 본 적이 없다. 우리 가족은 대대로 불교 신자였다. 불교 국가인 인도와 부탄에 살면서 위대하고 역사적인 많은 불교 스승들을 뵙고 그들로부터 배울 수 있는 특권을 누리며 살아왔다. 한편으로 나는 다른 이들이 그러했듯 불교도로서의 삶의 진정한 의미와 목적을 발견함으로써 불교도가 되어야만 했다. 그러나 우리가 그 진정한 의미와 목적에 점점 더 가까워질수록, 불교도인가 아닌가 하는 이름표는 그다지 어울리지 않고 필요하지도 않을 것이다.
　어쩌면 나 자신을 감정의 드라마 속에서 용케 살아남은 사람이라고, 이 감정들 속의 지혜에 의해 구출된 운 좋은 사람이라고 부를 수 있을지 모르겠다. 그러나 진실은 이러하다. 이 즐거운 지혜의 여행 속에서 나는 여전히 자신의 길을 찾고 있다.

워싱턴 주 시애틀에서
족첸 뻰롭 린뽀체[2] 합장

---

2) 족첸 뻰롭 린뽀체는 16대 깔마빠 존자님으로부터 족첸 뻰롭 환생자들 전통의 제8대 환생임을 인정받았으며, 스승이며 전통의 계승자라는 뜻의 '린뽀체'라는 칭호를 받았다.

1부

감정과
우호 관계 맺기

감정을
제대로 알자

—

"당신 자신이 되라.
(당신이 할 수 있는) 다른 이의 역할은 이미 다 찼다."

오스카 와일드(작가, 1854~1900)

감정이 사라진다면 우리 삶은 어떤 모습일까? 좀 지루할까? 김 빠진 사이다처럼? 누구도 그런 사이다는 마시고 싶어 하지 않을 것이다. 감정은 우리 삶에 에너지, 색깔, 다양성을 불러온다. 그러나 우리는 이 감정에 휘말려 오랜 시간을 허비하기도 한다. 감정은 우리를 가장 환희로운 상태로 올려 줄 수도, 착각과 절망의 심연으로 끌어내릴 수도, 이 둘 사이의 어떤 것으로도 이끌 수도 있다. 사람들은 자신의 감정에 이끌려 결혼하기도 하고 서로를 죽이기도 한다. (슬프게도 가끔은 배우자를 그렇게 하기도 한다!)

매일 우리는 이 감정의 롤러코스터를 타기 위해 줄을 선다. 이 감정의 롤러코스터는 1분간 우리를 심장 떨리게도 하지만 그다음 순간 바로 우리를 뒤집어 놓기도 한다. 이 예측 불가능한 감정이란 무엇일까? 왜 이 감정은 우리가 제어한다기보다, 우리가 조종당하는 것처럼 보일까?

대답은 누구에게 묻는가에 달려 있다. 과학자, 심리 치료사, 신부님, 예술가, 당신의 애증의 수혜자인 가족과 (친적親敵, 즉 친구이자 적인) 프레너미들[3]은 각기 다른 대답을 할 것이다. 동양 격언 중에 이런 말이 있다. "알고 먹으면 약, 모르고 먹으면 독." 이는 감정이 어떠한 것인지 잘 말해 준다. 우리가 감정과 잘 관계 맺는 법을 배운다면, 감정은 대단한 지혜를 담고 있는 약과 같은 것이다. 반면 이러한 이해 없이 감정을 대한다면, 독처럼 크나큰 해악과 고통을 일으킬 것이다. 감정에 묶여 있는 동안은 아픈 것과 유사하다. 우리가 바란다고 해서 고통, 괴로움, 고열이 사라지지는 않는다. 우리는 이 병마가 진행되도록 내버려 두거나 치료법을 써서 개입해야 한다. 질병에 대한 이해가 있다면, 자신을 치료하고 그 고통을 끝낼 조치를 취할 수 있다. 그러나 당신이 무엇을 하고 있는지 알지 못한다면 즉, 잘못된 약을 먹고 있다면 건강은 더 악화될 수 있다. 마찬가지로 자기 감정을 이해하고 무엇이 그 감정을 불끈하게 하는지 이해한다면, 감정의 강렬한 에너지와 소통할 수 있으며 괴로움을 치유할 수 있다.

---

3) frienemy는 친구friend와 적enemy의 합성어로 친구이면서도 적인 애매한 관계를 표현하는 용어다.

감정이 진정 도움이 되게 하려면, 감정에 대한 단순한 교과서적 이해를 넘어서야 한다. 감정이 몇 개나 되는지, 감정의 종류는 어떠한지를 아는 것만으로는 부족하다. 우리가 알고 있다고 생각하는 것을 벗어 버리고 화, 열정, 질투의 개인적인 경험을 새롭게 바라본다면 무엇을 찾을 수 있을까? 이는 어떠한 종류의 생각을 하고 있는지를 알아차리는 것뿐만이 아니다. 우리가 가진 감정이 무엇인지를 그 감정의 최심장부에서 찾아내는 것에 대한 것이다. 분노가 우리로 하여금 되받아 치고 싶게 부추긴다거나, 욕심이 우리를 기쁘게 만드는 것을 바라보는 일은 시작일 뿐이다.

감정을 제대로 알기란 쉽지 않지만, 그 자체도 동기가 될 수 있다. 우리의 감정이 끊임없이 우리를 두들겨 패고 있다는 점을 이해한다면 자신을 구제할 방법을 배울 마음이 들 것이다.

감정에 대한 진정한 이해와 지혜에 이르기 앞서, 우리는 감정이 무엇인지 그리고 어떻게 작동하는지 명확히 이해해야 한다. 감정은 단순하지만, 그 깊숙이 도사리고 있는 자신에 대한 무지를 힘의 원천으로 삼는다. 이러한 연유로 감정을 경험하는 것을 알아차리고 있을 때 놀랄 만한 현상이 일어난다. 즉, 감정은 우리를 비참하게 만드는 힘을 잃어버린다. 따라서 감정이 우리 삶 속에서 어떻게 작용하는지를 알고, 감정이 우리를 휘두르도록 놔둘 때 그 영향력이 얼마나 치명적인지를 이해하는 것이 매우 중요하다. 이 감정의 작용에 대한 앎을 통해 우리는 감정으로부터의 주권 회복을 시작할 수 있다. 두려움, 의심, 성냄, 교만, 열정, 질투라는 감정은 우리에게서 많은 행복을 훔쳐 갔다. 감정을 제대로 이해하는 것이 우리가 이 감정들의 오래된 패턴에서 자유로워지는 방법을 이해하는 시작점이다.

그러나 감정은 우리와 아주 오래 함께해 왔기에 마치 오래된 친구 같다. 어느 날 갑자기 이 감정들이 일어나지 않는다면 익숙한 얼굴들이 그리워질 것이다. 그러나 우리는 알고 있다. 그 감정들이 우리를 어떻게 속여 왔는지를. 감정은 이런 헛된 약속들로 당신을 방해해 왔다.

"들어 봐. 이번은 달라. 이번만은 성질을 내는 게 옳은 거야! 화내고 나면 기분이 훨씬 좋아질 거야. 분노가 네 공허한 마음을 채워 줄 거야."

3단계 감정 구출 계획

감정이 우리를 괴롭힐 때, 우리는 무엇을 할까? 아마 탈출로를 찾을 것이다. 그러나 감정이 연기나 불길처럼 눈에 보이는 것도 아닌데 어디로 도망갈 것인가? "내 화가 앞문을 두들기고 있으니 뒷문으로 가야겠군." 식으로 명확하게 결정할 수가 없다. 깊이 생각하지 않고 패닉에 빠진 채 반응하면 뜨거운 프라이팬에서 불길 속으로 뛰어드는 셈이다. 그렇게 뒷문으로 빠져나간다 하더라도 뒷마당에 무엇이 있을지 전혀 알 길이 없기 때문이다. 당신의 웰빙을 우연에 맡기기보다, 흔들리는 감정의 바닥에 서서 생명 줄을 찾을 때를 대비해 자기 구출 계획을 짜 놓는 것이 낫다.

이 책에서 소개하고 있는 3단계 감정 구출 계획은 당신이 찾는 기술을 배울 수 있게 도와줄 것이다. 이를 통해 자신을 표현하는 새롭고 더 즐거운 방법을 찾고, 고통스러운 오래된 습관들을 벗어 던질 수 있을 것이다. 이 세 단계란 '알아차리며 거리 두기mindful gap' '명확하게 바라보기clear seeing' 그리고 '내려놓기letting go'이다. 이 세 단계는 단계적 방법으로, 첫 번째가 제대로 되면 다음 단계로 점차 나아가며 가장 다루기 힘든 감정까지 변화시키고, 감정과 소통할 힘을 줄 것이다.

간단히 설명하면 '알아차리며 거리 두기'는 자신과 감정 사이에 안전거리를 만드는 연습이다. 이를 통해 감정의 에너지와 소통할 심리적 공간을 주는 것이다.

'명확하게 바라보기'는 감정과 감정을 둘러싼 주변 환경을 바라보는 연습이다. 보다 큰 그림을 보려는 노력을 하는 것이다. 이 연습은 행동 속에 담겨 있는 습관적 패턴을 확인하는 것도 포함한다.

'내려놓기'는 운동, 긴장의 이완, 근본적으로 깨어 있음을 통해 몸과 감정 에너지의 스트레스를 풀어 주는 연습이다.

각각의 단계를 배우면서, 감정이 내면에서 하는 작용에 점점 더 친숙해질 것이다. 또한 감정의 본 모습을 감추는 두꺼운 외벽을 꿰뚫어볼 수 있다. 그리하여 마침내 화, 열정, 질투 그리고 자만의 핵심을 곧바로 보게 될 것이다. 무지와 공포까지 있는 그대로 볼 수 있다.

이 3단계 감정 구출법을 배우면 매우 심오한 정서적 치유를 얻을 수 있다. 각각의 단계가 당신과 감정의 사이가 변화하고 진화하는 전환점이 될 수 있다. 막막하게 감정과 씨름하는 대신 감정과 창의적 파트너 관계를 맺게 될 것이다. 이 연습에 시간과 공을 들인다면 불안과 의심은 신뢰와 확신에 자기 자리를 내줄 것이다. 그리고 우리의 감정 자체가 우리가 그렇게 열망하던 자유로 향하는 문이라는 것을, 즉 감정이 우리의 발목을 잡지 않고 우리를 위해 길을 터 준다는 것을 차츰 밝혀 낼 것이다.

이처럼 이 책은 경험하지 못한 새로운 것을 가르치지는 않는다. 습관적인 감정 반응 방식에서 우리를 해방시킬 충분한 지식은 이미 우리 안에 있다. 이러한 습관들은 결국 당신의 것이다. 자신보다 이러한 습관들을 더 잘 아는 사람이 누구겠는가? 그러나 우리 안에 있는 상식과 통찰력이라는 지식을 사용하는 새로운 방법을 배우는 일은, 무엇이 당신을 붙잡아 두고 있는지, 무엇이 당신을 자유를 향해 나아갈 수 있도록 도와주는지 제대로 보게 할 것이다.

'감정'이라는 단어의 속뜻

3단계 감정 구출 계획을 자세히 보기에 앞서 '감정'의 정의가 무엇인지 짚어 보는 편이 좋겠다. 사전은 '감정'을 어떻게 정의할까? 이 기본 정의를 알고 있으면, 감정 구출 계획의 관점에서는 감정을 어떻게 이해하고 있는지 더 잘 알 수 있을 것이며, 감정에 대한 이 새로운 이해가 이해의 폭을 넓혀 줄 것이다. 만일 사전적 정의가 감정에 대한 모든 것을 말해 주고 있다면, 사전적 정의를 제대로 아는 것만으로도 감정에 대해 제대로 알아서 감정을 조절하고 감정의 고통을 줄일 수 있을지 모른다. 그러나 그렇지 않기에, 초월적 경험을 일견하기 위해서는 다른 정의를 보아야 한다.

옥스포드 영어 사전부터 FreeDictionary.com에 이르기까지, 감정에 대한 가장 기본적인 정의는 '육체적 고통을 경험할 때 느끼는 빨라진 심장 박동, 거친 호흡, 울음 또는 떨림과 유사하게, 흥분하거나 당황하거나 불안할 때 경험하는 증폭된 정신 상태'다.

심지어 프랑스 구어舊語와 라틴어에서 유래한 단어 '감정emotion'의 어원 역시 '흥분하다, 움직이다, 동요하다.'라는 뜻이다. 그리고 이러한 감정 상태는 일반적으로 우리의 의식적 통제를 벗어났다거나 이성의 사고가 불가능한 상태를 표현한다.

그렇다면 우리를 행복하게 해 주는 감정은 어떻게 설명할 텐가? 사랑과 기쁨은 감정이 아니라는 뜻인가? 이들 역시 감정이다. 그러나 사랑, 기쁨, 연민과 같은 마음 상태는 일상을 망치지 않는다. 이 감정 덕분에 기분이 더 나아지고, 더 고요하고 평화로워질 것이다. 따라서 이들은 앞서 정의한 감정들과는 매우 다른 것으로 여겨진다. 예를 들어, 당신이 '감정적'이 될 때란 보통 그다지 기분 좋지 않을 때다. 그러나 3단계 감정 구출 계획이 당신의 감정과 소통한다고 할 때는, 고통과 혼란의 무거운 짐을 풀어 헤치고 놔 버리라는 뜻이다.

희소식

3단계 감정 구출 계획은 감정을 두 가지 관점에서 바라본다. 일반적으로 '좋은' 감정과 '나쁜' 감정이 있다. 기쁨을 불러오는 것은 좋은 감정, 실망과 괴로움을 일으키는 것은 나쁜 감정이다. 그러나 보다 깊은 단계에서는 우리가 좋은 감정이라고 여기든, 나쁜 감정이라고 여기든, 모든 감정이 좋고 나쁨을 떠나 단 하나의 본질을 가지고 있는 것으로 본다. 이 감정들이 피상적으로 어떻게 보이든, 우리가 그 감정을 뭐라고 판단하든, 모든 감정은 근본적으로 긍정적이다. 좋은 소식 아닌가! 자신에게 회의를 느끼고 혼란스럽고 어려운 감정과 씨름하고 있을 때조차 우리는 근본적으로 괜찮은 거다.

본질적으로 감정 에너지는 창의적 힘과 지성의 무한한 원천이다. 이 감정 에너지는 마치 다양한 용도로 사용하는 전자 회로가 언제나 '켜져' 있는 상태와 같다. 우리가 감정의 중추를 종국에 꿰뚫어볼 수 있을 때

볼 수 있는 것이 바로 이 힘의 원천이다. 감정이 광적으로 흥분하는 데 까지 치솟기 전에 혹은 그 흥분을 가까스로 가라앉히기 전에, 거기에는 그 감정을 일으키는 기초 에너지가 있다. 이 에너지는 기분이 좋거나, 나쁘거나, 무덤덤하거나 상관없이 모든 감정에 흐르고 있다. 간단하게 말하자면 이 에너지는 전선을 타고 흐르는 전류의 전압이 급격하게 상승하는 것처럼, 당신 주변에 있는 무엇인가가 자극을 해서 오는 감정의 급격한 증폭이다. 만일 감정 에너지가 약간만 상승한다면, 우리는 알아차리지 못할 수도 있다. 그러나 이 에너지가 갑자기 치솟는다면, 상당한 쇼크를 받을 것이다. 이것이 우리의 민감한 장비 보호를 위해 과전압 보호 장치를 준비해야 하는 이유다. 울화통을 다스려 줄 과부하 보호 장치를 차고 다닐 수 없다는 것이 안타깝다.

익숙한 노래가 불러내는 기억처럼, 내적이고 사적인 무엇인가가 당신을 휘저어 놓을 수도 있다. 배우자가 당신이 도저히 참기 힘들 정도로 무식한 농담을 하는 것처럼, 외적인 요인이 당신을 휘저을 수도 있다.

최근 매우 화가 났던 때로 기억을 돌려 보자. 성질이 머리끝까지 오르기 바로 직전, 성질이 나기 바로 직전, 거기에 틈이 있었다. 마음의 일상적인 수다가 잠시 멈춘 그 순간, 아무 생각도 일어나지 않는 매우 정적인 한순간이 있었다. 이 틈은 그러나 텅 빈 공간이 아니다. 당신의 감정이 될 것의 첫 번뜩임이다. 당신 본연의 지혜의 창의적 에너지다.

여기까지 읽고 나면 "나도 이런 말을 좋아하기는 하지만 나하고는 맞지 않아. 난 창의적 타입이 아니거든."이라고 할지 모르겠다. 그러나 당신은 늘 만들어 내고 있다. 당신을 둘러싼 세계를. 당신은 선택을 하고, 관계를 형성하며, 살고 있는 공간을 정돈한다. 목표, 직업, 여가를 즐기는 방법, 살고자 하는 세계를 꿈꾼다. 전기의 도움으로 당신은 밤을 낮으로 바꾼다. 차가운 아파트를 아늑한 집으로 바꾼다.

마찬가지로 감정의 활기차고 생생한 에너지에 힘입어 우리의 감정도 우리의 세계를 밝게 비춰 주고, 우리를 따뜻하게 해 주며, 깨어 있게 해 줄 수 있다. 상실감을 느낄 때 감정은 새로운 삶의 방향과 영감을 가져다 줄 수 있다.

결정적인 "헐"의 순간 알아차리기

따라서 감정이 삶에 문제가 될 필요가 없다. 모든 감정이 반가운 느낌의 긍정적인 에너지 또는 불안과 암울의 부정적인 에너지를 불러올 수 있다. 어떠한 방향으로 그 에너지가 나아가는지는 자기 감정과 어떠한 방식으로 함께하는지, 에너지의 급격한 상승에 어떻게 대응하는지에 달려 있다. 이 에너지는 이쪽으로도 저쪽으로도 나아갈 수 있다. "감정의 번뜩이는 첫 순간이 단지 기초적인 창조 에너지라고 한다면, 내가 이 에너지를 망치면 어떻게 될까?"라고 생각할지 모르겠다. 사실상, 우리가 주의를 기울이지 않는다면 많은 일들이 일어난다.

어느 화창한 날, 친구나 연인과 함께 산책을 나갔다고 상상해 보자.

당신은 유유자적하게 걷다가 갑자기 돌부리에 걸려 균형을 잃었다. 순식간에 일어난 일인지라 한순간 멍해졌다. 그러나 다음 순간에 생각이 물밀듯이 일어난다.

"에잇, 뭐야! 누가 여기다 돌을 갖다 놨어? 다칠 뻔했잖아!"

이 순간 두 가지 선택지가 놓여 있다.

첫째, 재미있다고 웃는다.

둘째, 화가 나서 공원 관리 사무실, 도시계획과, 알아차리지 못하고 걸어간 친구나 연인 혹은 당신을 넘어뜨린 돌멩이까지, 비난의 대상을 찾을 수도 있다. 혹은 웅크리고 앉아 다른 행인들이 다치지 않도록 그 돌멩이를 파내고 있을 수도 있다. 아니면 이 모든 것을 굉장히 빠르게 차례차례 하고 있을 수도 있겠다. 그러나 이러한 일련의 행위들이 적절하고 사려 깊은 것은 아니다.

스스로가 화가 났다는 것을 알 때, 우리가 보통 내면이 아닌 외부를 보는 데에는 이유가 있다. 우리는 연인, 이웃, 끼어들기를 한 운전자에게 손가락질을 한다. 그러나 매번 이렇게 한다면 다른 이들을 비난하는 행동 습관을 점점 악화시키고 문젯거리로 만들게 된다. 만일 배우자가 당신에게 전적으로 동의하지 않을 때 당신이 화를 내는 경향이 있다면, 의견이 엇갈릴 때마다 더 쉽게 싸우는 방식으로 나아간다. 배우자와 특별한 저녁을 함께하려고 좋아하는 레스토랑에 갔다가 대판 싸우고 돌아올 수도 있다. 그러나 반드시 그렇게 되어야 하는 건 아니다.

기념일 저녁 식사를 망치거나 우정에 금이 가기 전에, 정신적으로 걸려 넘어지거나 균형을 잃고 쓰러지는 그 순간을 알아차리는 법을 배울 수 있다. 그 일들을 망치기 전, 거기에는 당신이 놀라서 말하지 못하는 일종의 "헐" 순간이 있다. 아주 잠시, 그 경험을 설명할 어떠한 개념도 생각도 없이 "헐" 하는 순간. 감정이 터지기 직전의 부글거림이 아직 있고, 사이다에서 아직 김이 빠지지 않고 남아 있으며, 전선들을 따라 증폭하는 힘이 아직 거기 있다. 당신은 깨어 있으며 무엇이 일어나는지 알아차리고 있다. 그러나 무슨 일이 일어나고 있는지 떠드는 마음의 수다로 인해 아직 산만해지지는 않았다. 이 "헐"의 순간을 바라보라. 그리고 그다음 순간 모든 습관적 반응이 어떻게 들이닥치는지 살펴보라.

우리가 분노에 자리를 내준다면, 증오에 찬 비우호적인 생각 하나하나가 또 다른 분노 에너지의 쇼크를 일으키고, 더 부정적이며 남을 비난하는 생각을 불러온다. 거의 순식간에 〈나이틀리 뉴스〉[4]만큼이나 타당하고 신빙성 있는 듯한 이야기를 만들어 낸다.

"어떤 일이 일어났는데, 내가 좀 화를 내더라도 이해해 줘."

만일 생각이 이런 방식으로 전개된다면, 우리의 마음은 누누이 이야기를 지어 내기 시작할 것이다. 여기까지 오면 자신이 뭘 하고 있는지 확신할 수 없게 된다. 최초에 무슨 일이 일어났는지는 잊고 자신의 반

---

4) 미국 NBC방송에서 1970년부터 진행해 온 유서 깊은 뉴스 방송.

응에 반응하기 시작한다. 이제는 지금 순간에서 멀리 사라져 버린 최초의 문제를 분간하거나 해결할 수 없게 된다. 마치 한 친구에게서 다른 친구에게로 전전하다가 마침내 제삼자가 당신에게 전달한 소식을 해석해 보겠다는 시도와 비슷하다. 그 메시지의 뜻이 명확할까? 그 메시지에 더해지거나 빠진 내용은 없을까?

우리가 이처럼 화를 내면서 무고한 다른 이들(특히나 자신)에게 죄를 뒤집어씌우는 데 혈안이 되어 있다면 감정 에너지가 분출하는 과정을 볼 수 없다. 이 과정이 걷잡을 수 없기 전에 낚아챌 수 있다면 마음을 보다 긍정적인 방향으로 돌릴 수 있다. 그렇게 되면 폭발한다(돌아 버린다) 하더라도, 최소한 우리의 생각은 보다 건설적이고 긍정적이게 될 것이다. 이러한 과정을 전혀 잡아 내지 못한다면 종국에 자신을 피해자처럼 여기면서 '왜 이런 일이 계속 나한테 일어나지?' 생각하며 혼란스러워할 것이다. 당신은 삶에 대해 깨어 있으며, 삶의 주인으로 살겠다고 맹세할 수 있다. 아니면 그저 눈을 꼭 감고 잘 되기만을 바랄 수도 있다.

어느 쪽을 택하든 감정과 생각은 언제나 일어날 것이다. 아무도 이 감정과 생각에 주의를 기울이지 않는다면 마구 날뛸 것이다. 만일 이 감정들을 알아차릴 수 있을 만큼 당신이 느리다면 이러한 감정이 삶을 거머쥐고 있다는 것을, 당신의 소중하고 온전한 정신을 훔쳐 간다는 것을 발견할 수 있다. 자기 감정을 더 잘 이해하게 됨에 따라 이 감정이 몇 시간, 며칠 혹은 수 년 동안 계속되는 일차원적인 고정된 상태의 마음이 아님을 깨달을 것이다. 이 감정은 왔다가 가며, 일어났다 사라지며, 호흡처럼 단지 몇 초 동안만 존재한다. 약간의 노력을 통해 이 일련의 과정을 진짜로 지켜볼 수 있을 것이다.

어느 날, 옛 애인에 대해 생각하고 있다고 하자. 그때는 그 사람이 영원한 짝이라고 생각했겠지만 이제 그 사람은 여기 없다. 떠났을뿐더러 당신이 애지중지 수집한 만화 전집까지 가져갔다! 얼마나 슬픈가! 뭘 하더라도 즐겁지 않다. 이어폰을 꽂고 음악을 듣고, 텔레비전을 본다. 그래도 슬프다. 이 슬픔은 몇 시간 계속될 것이다. 마침내 이 슬픔을 견디기로 결심하고 산책을 나선다. 동네 카페로 걸음을 옮기는 동안 이제야 이웃집에 핀 봄꽃들의 찬란한 색깔을 알아차린다. 등을 비추는 햇살의 따사로움을 느낀다. 누군가가 손을 흔들며 알은척한다. 가벼운 산들바람이 당신을 스친다. 카페에 도착했을 즈음, 당신은 미소 짓고 있다. 완전히 다른 세상이다.

감정은 이렇게 움직인다. 그러나 당신은 어떠한 탈출구도 없이 얽매인 채 큰 정신적 고통을 겪고 있다고 생각한다. 어떠한 논리적 생각 또는 경험이 당신에게 그게 사실이 아니라고 말하더라도, 적어도 이렇게 느껴진다.

'이 기분은 나아지지 않을 거야. 이 아픈 감정(질투, 상심, 분노 등등)을 절대 벗어날 수 없을 거야.'

그러나 슬픔의 이면에 행복과 즐거움이 있다. 모든 감정에는 이면이 있다. 감정의 한 면을 바라볼 때, (볼 수는 없겠지만) 감정의 다른 면 역시 거기에 있다. 그래서 감정이 어떠한 면을 보여 주든, 그것이 행복이든 슬픔이든, 그 이면(반대편) 역시 늘 함께 존재한다.

슬픔과 기쁨, 분노와 침착, 이러한 모든 감정은 똑같은 창의적 에너지의 흐름에서 일어난 것이다. 이 에너지를 영원히 얼리거나 가두는 방법은 없다. 물론 이 에너지가 어딘가에 과도하게 몰려 있을 수 있고, 그렇다면 고통스러울 것이다. 그러나 무엇인가가 결국 그 몰려 있는 에너지를 풀어 낼 것이다. 어느 한순간 너무나 침울해서 좋아하던 노래까지도 즐겁지 않을 수 있다. 그러고 나서 몇 시간 뒤 갓 뽑은 커피 향을 즐기면서 친구를 향해 미소 지으며 손을 흔들 수도 있다. 자신의 관점이 되돌아오면 당신은 '아 그렇지, 난 괜찮아. 삶은 좋은 거야.'라고 생각할 것이다.

자가 구출 노트

감정과 소통하는 데 있어 효과적인 계획을 가지고 있지 않다면, 감정이 불러오는 고통에서 벗어날 수 없을지도 모른다. 가끔 아주 강력한 의지 또는 (실직 또는 순조롭지 않은 결혼 생활의) 순전한 두려움에 힘입어 화가 쏟아져 나오는 것을 막을 수는 있다. 그러나 화를 다 삭였다고 생각했다가 바로 그다음 날 여전히 화가 풀리지 않았다는 사실을 알아차린 적이 얼마나 많은가! 그러고 나면 화를 진정시키느라 또 많은 시간을 허비해야 한다.

자신을 감정적으로 구출하는 데 있어 중요한 열쇠는 앎이다. 심술 맞은 이웃만큼이나 당신을 힘들게 만들 수 있는 이 에너지에 대해, 알 수 있을 만큼 다 알아내자. 약간의 수련을 거치면 화, 질투, 열정과 같은 감정을 좀 더 명확하게 바라볼 방법을 배울 수 있으며 감정과 소통할 수 있도록 만드는 단계를 볼 수 있고, 차츰 이 감정들을 변화시킬 수 있다. 자신을 감정의 지배로부터 구출할 수 있을뿐더러, 이 감정의 순수하고 기운 찬 에너지의 가치를 제대로 평가하고 즐길 날도 올 것이다. 이것이 이 책이 말하고자 하는 바다.

감정들이 지니고 있는 강력한 에너지와 소통할 준비를 하면서 해묵은 파괴적인 습관들로부터 자신을 자유롭게 할 준비가 되면, 필요한 것이 있다. 바로, 다음과 같은 과정을 포기하지 않고 단단히 붙들고 있겠다는 굳은 결의다. 이는 마음과 매일같이 소통하는 것을 필요로 하며 때때로 마주하기 굉장히 불편한 것들까지 견뎌 내겠다는 의지다. 자신이 인내심 있다거나 그다지 친절하지 못하다고 생각할 때, 지금의 굳은 결의가 자신을 지탱하며 길에서 벗어나지 않게 도와줄 것이다. 몇몇 연습을 하고 나면, 실수마저도 감정이 단순하고 또렷한 에너지임을 기억하는 데 도움을 줄 것이다. 그리고 즉각적으로 기억하기만 해도 당신은 이러한 깨침으로 인도 받을 것이다.

이제 감정의 실제는 어떠한지 새로운 눈으로 바라볼 수 있을 것이다. 이러한 감정들에 대한 자신의 태도를 생각해 보자. 이러한 감정들에 대해 어떻게 생각하는가? 미워하는가? 사랑하는가? 나는 화를 어떻게 다루는가? 나의 슬픔은? 나의 욕망은?

이러한 것을 이해한다면, 감정들과 어떻게 소통하면 좋을지 더 잘 이해할 수 있을 것이다. 그리고 나면 이 책에서 소개하는 3단계 감정 구출 계획을 사용해서 감정과 더 잘 마주할 수 있을 것이다.

첫째,
나 자신에게 물어보기

이 감정에서 벗어나기 위해 뭘 하고 싶은가?

가끔 아주 힘들고 가끔은 무료할 수도 있는 장기 계획을 시작하기에
앞서, 이렇게 자문할 수 있다.

'내가 왜 이 연습을 하고 싶어 하는 거지? 그리고 이 연습을 하는 데
있어 얼마나 마음의 준비가 되어 있지?'

성공하고 싶다면 이러한 질문에 대해 명확하게 답할 수 있어야 한다.
아주 굳은 결의를 해야 한다. 만일 감정 구출 계획을 배우고 수련하는
이유가 명료하지 않다면, 이다음에 당신이 곤란한 상황을 마주할 때
에는 동기가 힘이 되지 못할 것이다. 이 연습을 하는 목적이 무엇인지
분명히 알고 있는 편이 좋다. 알아차림만 할 뿐이라면, 감정 구출이라
는 목적을 어떻게 이룰 수 있겠는가? 나중엔 왜 이 계획에 성과와 진
전이 없는지, 더 나아가 이 방법을 버리고 다른 방법을 찾아봐야 하는
지 망설이게 될 것이다.

이 장의 마지막에 있는 '쓰기 연습'의 목적은 동기를 분명하게 하기 위
한 것이다. '시작부터 마음챙김mindfulness 수련을 해야 하는 이유는 무
엇인가?' 이 연습은 또한 목적을 이루는 데 도움을 줄 '알아차리며 거

리 두기' '명확하게 바라보기' 그리고 '내려놓기'의 3단계 수련과 유대
감을 맺도록 도와준다.

시작하기 전에 지금부터 등장할 '마음챙김 글쓰기'에 대한 지침을 읽
어 보기 바란다. 글쓰기에 대한 이러한 접근 방법은 다음에 제시하는
글쓰기 연습 속 질문에 대해 생각하고 답하는 데 도움이 될 것이다.

마음챙김 글쓰기

글쓰기는 성공적으로 감정과 소통하는 데 있어 결정적인 열쇠가 될 수
있다. 아래에 나오는 연습 가운데 많은 부분이 사려 깊은 글쓰기를 할
수 있는 여러 방법을 제시할 것이다.

종이나 디지털 형태의 일기장(메모장)을 휴대하는 편이 좋다. '알아차리
며 거리 두기' 수련과 같이 '마음챙김 글쓰기'는 자신 안의 강렬한 감정
과 마주할 때 혹은 삶에서 견디기 힘든 상황들과 마주쳤을 때 도움이
될 수 있다. 알아차리며 글을 쓸 때 우리는 보다 천천히 생각한다. 단
어의 흐름을 일궈 내는 글쓰기 혹은 타이핑이라는 물리적 행위 자체에
집중한다면, 빠르게 쓰는 것은 할 수 있지만 도움은 크게 되지 않는다.

알아차리며 글을 쓰는 것은 감정 에너지의 시계를 늦출 수 있으며 어
떤 일이 일어나고 있는지 볼 수 있는 약간의 시간과 공간을 벌어 줄

수 있다. 따라서 글쓰기 행위는 일종의 '알아차리며 거리 두기' 연습 방법이 될 수 있다.

시작 : 전반적인 가이드라인

▶ 이 책에 나오는 여러 방법들을 연습하려면 일정 시간대를 정해 놓는 편이 좋다. 적게 쓸 수도 있고 더 쓸 수도 있겠지만, 쓰기 전에 분량을 정해 놓는 편이 좋다.

▶ 글을 쓰면서 펜을 잡고 종이 위에 쓰는 감각(키보드를 타이핑 하는 손이 느끼는 감각)에 주의를 기울인다. 그리고 단어들이 종이(스크린) 위에 나타날 때 몸의 움직임이 어떻게 느껴지는지 살펴본다.

▶ 생각과 감정이 일어나고, 눈앞에 글로 나타날 때 그 생각과 감정에 주의를 기울인다.

▶ 글을 쓰다 멈추고 생각하지 말 것. 심지어 다음에 무엇을 써야 할지 모를 때에도 쉬지 말고 쓴다.

▶ 무엇을 써야 할지 확신이 서지 않으면 "무슨 말을 해야 할지 모르겠어."라도 써 볼 것. 이 말을 여러 번 반복해서 쓰게 될 수도 있다. 아니면 느껴지는 몸의 감각에 대해 메모한다. 목이 뻣뻣한가? 목이 마르거나 피곤한가? 아니면 단순히 쓰고 있는 것의 주제(질문)를 다시 쓴다.

▶ 일정 시간 쓰고 난 뒤에는 글쓰기를 멈추고 마음을 쉬어 준다.

▶ 쓴 다음 바로 읽지 않는다면, 적당한 시간에 쓴 것을 읽어 본다.

▶ 제안 : 일기장이나 노트북에 (최소 1년간) 글쓰기를 계속하자.

이러한 방법을 따라 글쓰기를 연습할 때, 완벽하도록 잔소리하는 내면의 비판자가 비집고 들어올 자리는 없다. 글을 쓰면서 마음에 일어나는 것을 판단하지 말고 받아들인다. 명료하게 주의를 기울이면서 고치지 않으며 계속 쓴다.

이 책에서 제시하는 연습 속 질문들에 대한 당신의 생각에 이 마음챙김 글쓰기가 어떻게 영향을 미치는지 본다. 이 마음챙김의 원칙은 어떤 연습에도 쓰일 수 있다. 말이나 몸짓으로 하는 연습부터 혼자서 하는 연습, 여럿이 같이 하는 연습에까지 적용 가능하다. 일기 쓰기를 선택한다면, 기록을 글쓰기에만 국한할 필요 없다. 경험에 대한 관찰을 표현하는 것이라면 그림, 사진 또는 다른 형식을 사용해 기록해도 된다.

이 연습을 통해 기대할 수 있는 것

다음과 같은 질문에 간단하게 답하고, 이 질문들 가운데 하나를 골라 5~10분 동안 글을 써 본다.

▶ 감정과 함께하는 삶에서 내가 가장 바꾸고 싶은 것은 무엇인가?
▶ 왜 이 변화가 그렇게 중요한가? 다른 어떤 것들보다도 이것을 바꾸고 싶어 하는 계기는 무엇인가?

▶ '알아차리며 거리 두기' '명확하게 바라보기' 그리고 '내려놓기(놓아
  주기)'를 통해 이루고 싶은 것은 무엇인가? 무엇이 일어나기를 바
  라는가?

▶ 자신을 위한 정말 이루고 싶은 소원을 빈다면 그것은 무엇일까?(진
  짜로 바라는 것은 무엇인가?)

질문에 답할 때는 최대한 구체적으로 한다. "행복해지고 싶다."라거나
"더 좋은 사람이 되고 싶다."라는 식의 일반적인 대답이 나온다면 자
신을 더 깊이 탐구해 볼 필요가 있다. 일반적인 수준에서 대답을 하기
시작해서, 생각이 날 때마다 더 자세한 것들을 보탤 수도 있다. 또한
자신과 개인적인 목표에 대해 답한 다음 다른 이들의 삶을 어떻게 향
상시킬 수 있을지에 대한 생각으로 나아갈 수도 있다. (타인에 대한 염
려에 대해서는 곧 설명할 것이다.)

(2)

마음챙김이
열쇠다

—

인류는 삶을 바꿀 수 있다.
마음가짐을 바꿈으로써.

_윌리엄 제임스(철학자, 1842~1910)

　　이륙 준비 중인 비행기에 있으면 승무원들이 비상구를 가리키는 것을 본 적이 있을 것이다. 비행기 실내의 불은 꺼져도 비상구 불은 그대로 켜져 있다. 복도를 가리키는 불빛도 켜져 있다. 비행기에는 이상이 있을 경우 승객들이 가장 가까운 탈출구를 빠르고 안전하게 찾을 수 있도록 잘 짜인 탈출 계획이 있다.

　　마찬가지로 불안정한 감정을 다루기 위한 아주 잘 정리된 계획이 있다면, 일이 닥쳤을 때 패닉에 빠질 일이 없다. 당신은 고통스러운 상황에서 빠져 나오는 당신만의 방법을 알고 있다. 계획이나 명확한 방향

감각이 없다면, 격정의 불꽃이 언제 당신을 생각 없이 뛰쳐나가게 만들지 모른다. 이는 쉽사리 더 심각한 문제를 불러올 수 있다.

3단계 감정 구출 계획은 감정 구출 상황에서 살아남는 데 도움을 주도록 짜여 있다. 또한 이 감정 구출 계획은 일상생활에서 당신이 그러하듯, 괴로움을 피하고 살아남으려고 바둥거리는 다른 사람과 부딪칠 때 생기는 매일의 상처를 치유하는 데도 도움이 된다. 이 계획에 따라 연습하고 실천에 옮기면서 자신감도 커질 것이고 감정을 다루는 데 있어 더 숙련될 것이다. 어느 정도 시간이 흐르면 감정 구출 상황이 일어날 때 본능적으로 어떻게 해야 할지 알 수 있다. 곤경에서 벗어나는 가장 빠르고 안전한 방법을 볼 수 있을 것이며, 그 길을 따라 곤란한 상황을 벗어날 수 있을 것이다. 그러한 상황이 닥쳐도 느긋하고 차분한 상태를 유지할 것이다.

시작할 때 몇몇 기초 개념들을 숙지한다면 감정을 구출하는 일은 보다 쉽고, 안전하며, 효율적일 것이다. 어떠한 주제에 대해서 배우든 간에, 해당 주제의 가장 정교한 요점들을 숙지하려고 노력하기 전에 가장 기본이 되는 개념들을 먼저 배운다. 예를 들어, 혼자 비행기를 조종하고 싶다면 비행기의 모든 부품과 그 부품의 역할부터 배우기 시작해야 한다. 당신이 경비행기를 이륙시킬 수 있게 되었을 때는, 비행기의 작동 원리와 최대 성능을 발휘하기 위한 지식 기반을 가지고 있을 것이다. 마찬가지로 감정의 옆바람을 뚫고 운항해야 할 때, 마음챙김을 굳건히 하는 것이 도움이 될 것이다.

왜 마음챙김이 중요한가? 직장에서 힘들게 보내다 집으로 들고 들어온 분노에 대해서 '알아차리며 거리 두기'라는 첫 번째 단계를 적용하기 전에 마음챙김이 무엇인지 제대로 알아 둘 필요가 있다. 마음챙김이 당신에게 어떻게 도움을 주는지 그리고 왜 이것을 단련할 필요가 있는지 알고 싶을 것이다. 사실상 이 계획을 시작할 때부터 강력한 감정들을 경험할 때의 평상시 자세에 대해 마음챙김을 해야 한다. 그러고 나서 마음챙김의 방법을 증폭시킴으로써 평상시의 태도-감당하기 힘든 강한 감정과 괴로운 복합 증상에 대한 습관적인 대응 방식-가 즉각적인 반응에 어떻게 영향을 끼치고 있는지 알아차릴 수 있을 것이다.

마음의 평화를 지켜라

알아차린다는 것은 간단하게는 '주의를 기울임paying attention'을 뜻한다. 이 알아차림은 감정과 능수능란하게 소통하고 마음의 평화를 지키는 데 있어 결정적인 열쇠다. 알아차린다는 것은 또한 '기억한다.'[5]라는 뜻이다. 만일 당신이 무엇을 어떻게 해야 할지 기억하지 못한다면, 아무리 좋은 계획이 있더라도 무용지물이다. 알아차림(마음챙김)의 수행 자

---

5) mindfulness의 산스크리트와 빨리어인 sati는 smṛti, '기억하다.'에서 파생한 것이다. mindfulness의 티베트어 역인 덴빠dran pa 역시 '기억하다.'는 뜻으로 산스크리트의 뜻을 잘 옮겨 온 것이다. 한역에서는 슌(생각 염)을 주로 사용한다.

체가 매우 훌륭한 기술이며, 이 알아차림은 감정 구출 계획-알아차리며 거리 두기, 명확하게 바라보기, 내려놓기-에 필수적인 요소기도 하다.

주의를 어떻게 둔다는 것일까? 그리고 정확히 무엇에 주의를 집중해야 하는 것일까? 지금 이 순간, 당신이 있는 바로 이 자리에 당신의 의식을 그저 두는 것이다. 과거와 미래의 순간들 사이에 신선하고 열린 공간의 감각, 자연스러운 틈이 존재한다. 이 현재의 순간 당신은 일어나고 사라지는 생각과 감정 그리고 당신을 둘러싼 세상의 색깔, 소리 그리고 냄새를 알아차리고 있다.

공원을 산책할 때나 쇼핑몰에서 쇼핑을 할 때도, 가족을 위해 저녁을 준비하거나 텔레비전을 볼 때도 어디에서나 알아차릴 수 있다. 혼자 있거나, 여럿 속에 있거나, 기쁘거나 슬프거나, 룸메이트와 말다툼을 하고 있거나 죽마고우와 회포를 풀고 있을 때도 그렇다. 생각이나 감정을 가지고 있는 한, 즉 거의 모든 순간 알아차릴 수 있다.

마음챙김 수련에 한번 익숙해지면 다음부터는 어렵지 않다. 이 수련이 점차 습관이 되면 잊어버림 또는 한눈팔기 등 산만한 습관이 사라질 것이다. 처음에는 단순한 마음 수련법인 이 마음챙김 수련에 익숙해지는 데 시간을 투자하는 편이 좋을 것이다.

짧게 하는
마음챙김 수련법

처음에는 5~10분에서 시작해 점점 시간을 늘려 나간다.

마음챙김 수련의 자세

수련을 시작하기 위해서는 먼저 편안한 자리에 앉아야 한다. 의자에
앉아도 좋고 단단한 방석을 바닥에 놓고 앉아도 좋다. 중요한 점은 긴
장을 풀되 몸을 곧추세워서 척추와 어깨가 똑바로 서야 한다는 것이
다. 의자에 앉을 경우, 양발을 바닥에 고르게 닿게 한다. 방석에 앉을
경우, 다리를 편안하게 꼬고 앉는다.[6] 양손을 편안하게 무릎 위에 걸
친다. 눈은 약간 아래쪽 멀지 않은 곳을 지긋이 본다.[7]

마음챙김 수련의 호흡

자세가 편안해지면 깊은 숨을 쉰다. 주의를 호흡으로 옮긴다. 날숨에
지긋이 의식을 집중한다. 그러고 나서 들숨에 의식을 집중한다. 그저

---

6) 한 다리를 다른 다리 위에 겹치는 반가부좌나 양 다리를 꼬는 결가부좌 모두 괜찮다. 방석
은 엉덩이 아래를 조금 높게 하면 허리가 자연스럽게 곧추선다.
7) 일반적으로 자신의 코를 쳐다보듯이 하되, 집중은 하지 않는다. 눈을 감으면 잠이 오고 잡
념이 많이 생기기 때문에 눈을 약간 뜨고 있는 것이 낫다.

긴장을 이완한다. 당신이 실제로 호흡을 느끼고 있다는, 그 호흡의 움직임을 느끼고 있다는 지각이 있을 것이다. 몸과 마음을 느슨히 함에 따라, 지금 이 순간의 현재성nowness의 가치를 느낄 수 있다.

생각, 느낌 그리고 알아차리기

생각들이 일어날 때, 그 생각들을 따라가지 말되 멈추려고도 하지 않는다. 단순히 그들의 순간적인 존재를 알아차리고 사라지게 놓아둔다. 주의를 호흡으로 다시 돌린다. (무릎의 고통과 같은) 신체 감각 또는 (갑자기 일어나는 불안감, 순간적 화와 같은) 감정들이 일어날 때도 같은 방식으로 알아차린다. 그 느낌의 현존을 알아차리고, 긴장을 풀고, 사라지게 놓아둔 뒤에, 다시 호흡에 집중한다.

마음챙김 수련 마치기

몇 분 동안 마음챙김을 수행하는 것에 대해서 어떻게 느꼈는지 알아차린다. 일상의 마음으로 돌아오면서 가끔씩 호흡의 움직임 또는 마음의 움직임을 알아차릴 짬을 가질 수 있다는 것을 스스로에게 상기시킨다. 하루 중 어느 때라도 약간의 짬만 있으면 '작은 마음챙김의 시간'을 가질 수 있다.

*보다 자세한 마음챙김 수련 방법은 2부에서 소개하겠다.

마음챙김은 마음을 다잡는 일종의 방법이다. 이는 당신의 마음의 문을 비집고 들어오려고 애쓰는 것들에 대해 주의를 기울이는 방법이다. 마음 문의 초인종을 누르거나, 문을 두드리는 생각들과 감정들에 주의를 기울인 채로 머문다. 이러한 생각들과 감정들에 기민하게 주의를 기울이고 있는 한, 누가 마음의 문을 열고 들어올 수 있는지, 얼마나 오래 머물 수 있는지를 당신이 결정할 수 있다. 만일 생각속에 터미네이터나 닥터 둠[8] 같은 악당이 돌아다닌다면, 누가 마음의 주인인지 까먹고 이 이야기들을 따라다니느라 정신을 팔지 않도록 정신 차린다. 만일 이들이 버릇없이 굴거나, 있으라고 한 시간보다 더 있으려 한다면 나가 달라고 요청하거나 사라질 것을 명령한다.

이렇게 하는 것이 옳은 일인지, 그른 일인지 걱정하지 말라. 중요한 것은 수행에 온통 주의를 기울이는 것이다. 몸의 경험, 숨의 움직임 그리고 생각과 감정의 흐름에 의식을 집중하는 것을 통해 현재의 순간에 자신을 두는 것이다. 의식이 다른 곳으로 떠내려가는 것을 느낄 때마다 의식을 제자리로 데려다 놓는다. 이 순간에 두 가지가 작용하고 있다. 하나는 현재의 순간에 있는 당신의 의식이고, 다른 하나는 현재의 순간을 떠나는 당신을 지켜보고 다시 제자리로 돌려놓는 마음챙김이다.

마음챙김은 정확하며 명확한 주의력을 일으킨다. 이를 통해 생각이 명료해지며, 당신이 보고 듣고 느끼는 것에 대해서 명확하게 알아차릴

---

8) 터미네이터는 SF 액션 영화에 나오는 살인 기계의 이름이고, 닥터 둠은 마블코믹스의 히어로인 아이언맨의 숙적이다.

수 있을 것이다. 현재 순간에 무엇인가를 보고 있다면, 무엇이 일어나고 있는지 정확하게 알고 있을 것이다. 당신의 마음의 현재 상태와 생각 속에서 작동하는 습관적 행동 유형을 볼 수 있을 것이다. 당신이 무엇을 하는지 알아차리고 있을 것이고, 어떠한 선택을 내리는지 명확하게 볼 수 있을 것이다. 수중에 있지도 않은 돈을 쓰느라 인생을 다시 망치지 않을 수 있다. 새 스포츠카를 사는 대신 윈도우 쇼핑을 하는 데서 멈추기로 결심할 수 있다.

마음챙김은 또한 화, 욕망, 시기, 질투 등에 대한 당신의 태도가 이러한 감정들에 대한 반응을 어느 정도까지 결정하는지, 즉 당신이 이러한 감정들을 다루는 방식을 이해하게 한다. 이러한 것들에 대해서 자주 생각해 보지 않았겠지만, 이러한 모든 감정들을 어떻게 바라보는지 그리고 이러한 감정들에 대해 솔직히 어떻게 생각하는지 제대로 확인한다면 배우는 바가 많을 것이다.

세 가지 태도: 부정, 긍정 그리고 치우침 없음

감정 구출 계획의 틀 안에서 우리는 우리의 감정을 대하는 부정적(악), 긍정적(선) 또는 치우침 없는(선과 악이라는 이름표를 떠난 중립)이라는 세 가지 기본적인 태도를 살펴본다. 감정에 관한 경험에 근거해 보면 우리가 감정들을 대할 때 이 세 가지 가운데 하나의 방식으로 대한다는 것을 알 수 있다.

우리는 우리의 뺨을 후려친 놈과, 볼 때마다 우리에게 욕하는 놈을 오직 한 가지 방식으로 보며, 우리의 등을 두들겨 주며 격려하고 농담을 주고받는 사람들은 또 다른 한 가지 방식으로만 바라본다. '뺨 때린 놈'이 눈앞에 나타나는 순간, 우리는 그 사람이 뺨을 때릴지 안 때릴지도 모르면서 흠칫 뒤로 물러선다. 그 사람이 무엇을 할지 잘 알고 있기 때문이다. 안심할 수 있는 친절한 친구를 만나려고 할 때에는 어서 만나고 싶어 한다. 그러나 가장 대하기 어려운 감정을 포함해 모든 유형의 감정을 선입견이나 기대감 없이 만나는 것도 가능하다.

'알아차리며 거리 두기' '명확하게 바라보기' '내려놓기'의 세 가지 감정 구출 계획의 각 단계는 (부정, 긍정, 치우침 없음이라는) 감정을 대하는 우리의 세 가지 태도와 연관 있다. 각 단계는 또한 각각의 '출구'를 제시한다. 여기서 출구란 마음챙김 수련을 통해 감정에 대한 상습적인 반응과 그 반응의 고통스러운 결과로부터 자신을 자유롭게 해 주는 방법을 말한다. 이 세 가지 감정 구출 계획 방법을 하나씩 익혀 가면서 감정을 대하는 자세가 진화할 것이다. 시간이 흐르면서 감정을 '좋음'과 '나쁨'이라는 양극단을 초월하는 창의적인 에너지로 보는 완성의 단계에 이를 것이다.

당신의 출발점, 즉 당신의 감정에 대한 가장 기본적인 태도를 알아보기 위해 감정이 일어날 때 본능적으로 무엇을 하는지 바라보자. 보고,

다시 보다 보면 놀랄지도 모르겠다. 당신은 화라는 감정에서 꽁무니를 빼는가? 애정 표현에는 어떻게 반응하는가? 다른 이가 당신에게 고함을 지를 때 당신은 무엇을 하는가? 울음을 터뜨리는가? 감정들을 사람이라고 상상해 보자. 그들을 초대하고 싶은가? 그들의 목소리를 경청하는가? 아니면 치워 버리는가?

감정들을 부정적으로 볼 때에는 그 감정들에서 어떠한 좋은 면도 볼 수 없다. 이러한 부정적인 감정들은 나쁜 동반자에 불과하다. 이들은 고통스럽고 짜증나며 당신을 돌아 버리게 만든다. 더불어 당신을 탈진시킨다. 그들은 당신의 계획들을 망치고 스트레스를 준다. 심지어 몸이 병들게도 한다. 심한 경우 그 감정들은 너무나 독해서 당신을 죽이거나 죽고 싶게까지 만들 수 있다. ('그/그녀/그것을 가질 수 없다면 죽어 버릴지도 몰라!' 어디서 많이 들어 본 소리인가?)

사실상 당신은 부정적이라고 판단 내린 이 감정들을 행복을 해치는 적으로 간주한다. 그들은 쉼 없이 비집고 들어와 당신을 벗겨 먹고, 당신의 온전한 정신과 마음의 평화를 훔친다. 이러한 면에서 당신은 당신의 감정들을 오로지 나쁜 소식으로만 바라보며, 매일 버리는 쓰레기만큼이나 가치 없다고 여긴다. 이것이 감정 구출 계획을 시작하는 사람들이 지닌 자신의 감정에 대한 가장 일반적인 태도다. 이 태도가 본질적으로 첫 번째 단계인 '알아차리며 거리 두기'와 연결되어 있다.

반대로 감정들을 긍정적으로 볼 때는 좋은 뭔가를 그 감정들 안에서 본다. 감정들이 이따금 당신을 아프게 한다 하더라도, 이들은 고통스러운 교훈들과 함께 당신을 계속 정직하게 해 준 존재다. 당신의 건강과 행복을 위협하는 대신, 당신의 정신적 또는 영적 발전에 있어 필수적이다. 당신이 보다 낫고 강한 사람인 이유는 감정들이 당신을 밀어붙였고, 당신이 그들을 잘 처리했기 때문이다. 친구들이 그러하듯, 이 감정들이 당신을 지탱해 준다. 이들은 약처럼 당신을 치유할 힘을 지니고 있다. 쓸모없는 것들을 쓸어내듯, 이들은 쓸모 있고 아름다운 것들로 재활용하고 다시 만들 수 있는 온갖 종류의 흥미로운 것들로 가득 차 있다. 이보다 낙관적인 태도는 당신이 한동안 당신의 감정들과 소통하고 나서, 보다 큰 패턴의 흐름 속에서 자연스럽게 그들을 보기 시작한 뒤 자연스럽게 발전할 것이다. 감정들에 대한 이러한 낙관적인 태도는 감정 구출 계획의 두 번째 단계인 '명확하게 바라보기'와 본질적으로 연결되어 있다.

감정의 부정적인 면과 긍정적인 면 양쪽의 가치를 완전하게 받아들였을 때 감정들을 바라보는 세 번째 길이 보인다. 반대나 모순이라는 한 면만 보는 것이 아니라, 어느 쪽에도 치우치지 않은 전체를 볼 수 있을 것이다.

모든 감정이 자신의 마음과 가슴에 자연히 일어나며 영원히 존재하는 창의적인 에너지라는 동일한 원천에서 일어난다. 화, 질투, 욕망 혹은 이 모든 감정이 뒤섞여 느껴지건 간에, 이 창의적 에너지는 우리가 이야기해 왔던 감정의 자연스러운 상태다. 이 자연스러운 상태는 매우 명료하고 통찰력 있으며, 정확한 의식이다. 이는 현상이 진실로 존재하는 방식을 바라본다. (이 의식은 늘 이야기를 바꾸는 일상의 감정적인 마음과는 다르다.)

이 양쪽을 초월한 태도는 수련 과정의 최정점이며, 근본적으로 세 번째 단계인 '내려놓기'와 연결되어 있다. 당신이 종국에 이 관점에 다다랐을 때, 감정들은 당신을 묶거나 잘못된 길로 이끌지 않는다. 감정을 엉망으로 망치는 대신, 당신의 감정 에너지가 그 정반대의 효과를 낼 것이다. 감정 에너지는 실제로 당신이 평정심과 보다 넓고 인간적인 견해를 가지고 상황을 다룰 수 있도록 도와줄 것이다.

세 가지 출구: 1. 거절 2. 재활용 3. 인식

감정이 폭발하는 상황에 처해 있을 때, 감정에 대처하는 고통스러운 습관적 행동 유형에서 탈출할 수 있는 세 가지 '비상구'가 있다. 거절, 재활용, 인식이다. (사전적 정의로 돌아가서) '비상구exit'란 문이나 관문처럼 '나가는 곳'을 뜻한다. 이는 또한 동사로서 '떠나다, 그만두다 또는 그곳에서 멀리 떨어지다.'라는 뜻도 있다. 연극 무대에서 배우는 무대를 제때에 '나와서' 연극이 제대로 이루어지게 한다.

분노, 비참함 또는 자기 연민의 감정에 사로잡혀 있을 때, 당신은 어떻게 그 상황을 빠져 나오는가? 감정 구출의 세 단계는 당신이 진짜로 빠져나갈 비상구가 필요할 때 다다를 수 있기 때문에, 실제 적용 가능한 전략이며 작전이다. 출구들은 지식, 기술 그리고 경험의 점진적 발전의 단계를 반영한다.

이들은 증강 현실 비디오 게임에서 하나의 단계에서 다음 단계로 이끄는 통로라고 생각할 수 있다. 한 스테이지를 마치면, 새로운 도전이 기다리고 있는 다음 스테이지로 들어가는 통로를 획득한다. 이러한 일련의 스테이지에서 하나라도 빼 버린다면 그 게임은 미완일 것이다. 마찬가지로, 감정을 창의적 에너지로 바꾸는 최종 경험에 다다르기 위해서는 시작 때부터 점진적으로 감정에 대한 이해와 기술을 발전시켜야 한다.

이 세 가지 출구에 익숙해질 때, 다음 몇 장에서 소개하는 3단계 감정 구출 계획의 독특한 방법을 제대로 볼 준비가 된 것이다. 이러한 감정 구출 계획을 통해 감정의 폭풍이 휘몰아칠 때 자신을 구할 수 있다.

첫 번째 출구: 거절하기

감정들을 부정적인 것으로 치부할 때, 그 감정들에 대한 첫 번째 반응은 종종 그들을 물리침으로써 이 불편한 에너지를 피하려는 것이다. 당신은 이 감정들의 입을 틀어막고, 밟아 뭉개고, 파묻고 싶어 한다. 기본적으로 당신은 어떠한 방법을 써서라도 이 부정적인 감정들이 다시는 당신을 건드리지 않을 때까지 봉인하고 싶어 한다.

순수하게 충동적 행위로서도 이러한 방법은 미봉책에 불과하다. 이는 본질적으로 진정한 출구가 아니다. 그 감정에 대한 부정적인 느낌은 다시 돌아올 것이기 때문이다. 따라서 당신은 진실로 자유롭지 못하다. 다음 단계로 아직 나아가지 못한 것이다.

감정 구출 계획의 첫 번째 단계에서, 감정들을 순전히 골칫덩어리로만 보는 태도를 가졌을 때 첫 번째 출구인 '거절하기'를 사용하라. 고통스러운 느낌에 안전거리를 둬서 그 감정들에 압도당하지 않기 위해서는 문제를 일으키는 감정의 에너지를 알아차리며 멈춰야 한다. 알아차리는 반응은 고통을 치료할 공간을 허락한다. 그리고 게임의 다음 단계로 가는 문을 여는 치유를 시작한다. 감정 구출의 1단계인 '알아차리며 거리 두기'는 이 출구에 안전하게 도달할 수 있는 기술들을 가르친다.

어떻게 하면 강력한 감정들을 알아차리며 거절할 수 있을까? 이 감정들이 당신을 짜증나게 하는 것을 막을 방법은 무엇인가? 당신이 이러한 감정들을 한동안 보지 못했다 하더라도, 화와 질투처럼 보기보다 위험한 감정들은 늘 당신 주위를 맴도는 것처럼 보인다.

어느 날 밤, 여자 친구가 전 남자친구와 파티에서 이야기하는 모습을 보는 순간 당신은 들짐승으로 변한다. 그리고 그 남자에게 달려들어 머리를 물어뜯을 준비를 한다. 이 순간이 '이 감정들이 튀어나오지 않도록 멈추는 편이 좋다.'는 점을 알아차릴 때다.

그러나 어떻게 멈출 것인가? 단순히 분노, 적대감, 내적 갈등을 안에다 꾹꾹 담아 놓았다가 (맥주나 아이스크림으로 마비시키거나) 나중에 모두 털어 내기란 불가능하다. 대신 진짜로 치료할 수 있는 방법, 화를 무력하게 만들 방법을 적용해야 한다. 고통을 완화시키고 마침내 사라지게 할 방법 말이다. 그렇다면 단지 화를 푸는 것 말고 뭘 할 수 있을까?

해독제 가운데 하나는 인내다. 여기서 인내란 알아차림에 머물며 이러한 감정들을 주시하되 행동에 옮기지 않는 것이다. (자세한 것은 3장에서 설명하겠다.) 인내는 분노를 억누르거나 고통을 불평 없이 참는 것을 말하는 것이 아니다. 인내를 수행하는 것은 예방 약을 먹는 것과 같다. 인내의 수행은 분노, 시기 또는 질투로 병드는 것을 막아 준다. 그런데 만일, 화가 나 있을 때 인내심이 충분하다는 생각이 들지 않으면 어디서 그 인내심을 찾을 것인가?

이는 두통으로 고생할 때 두통약을 찾는 것과 마찬가지다. 그런데 약통을 찾아봤는데 두통약이 없다. 그래서 약국에 가서 아스피린을 샀다. 약국까지 가는 수고로움을 무릅쓰는 것은 아스피린을 두세 알 먹으면 두통이 가실 것을 알기 때문이다. 마찬가지로 인내를 알아차리며 화에 적용하면 화가 분명히 사라질 것이다. 마음속 악당이 자리를 차지할 수 없을 것이다.

물론, 가끔은 약이 수중에 있고 그 약이 잘 듣는다는 걸 알면서도 먹기 싫을 때가 있다. 약이 늘 설탕 코팅이 되어 있는 것도 아니고 삼키기 어려울 수도 있다. 거부감을 이겨 내는 데 있어 결정적인 열쇠는 당신을 진짜로 편안하게 해 줄 바른 해독제를 아는 것이다. 그리고 감정과 알아차리며 소통하는 데 전념해서 순간의 안식을 찾지 않도록 주의해야 한다. 감정이 당신을 지배하게 놔 두는 대신, 당신이 감정을 관리하기 시작했다! 당신은 장기적 치료에 접근하고 있는 것이다.

'거절하기'라는 비상구에 집중할 때 중요한 점은, 알아차리며 관찰하지 못했던 감정들이 당신의 인생을 엉망진창으로 만들며 괴롭히던 방법을 기억해 내는 것이다. 만일 지금 알아차리지 못해 어떠한 변화도 일으키지 못한다면, 지금까지 일어난 일들은 단순히 과거의 이야기에 그치지 않는다. 앞으로 무슨 일이 일어날지야 뻔하지 않은가? 감정 그 자체가 문제가 아니라 감정을 대하는 습관적 태도가 문제라는 것을 이해할 때, 감정들에 새롭게 다가갈 수 있다. 감정을 거부하는 건 종종 도움이 되지만, 거부하는 것만으로는 충분하지 않을 때가 많다. 감정이 비집고 들어오지 않도록 열심히 막아 봤자, 감정은 끊임없이 쳐들어올 것이다.

감정이 쳐들어오면 무엇을 할 것인가? 계속 멈추려고만 한다면, 자신에게 끊임없이 '이 느낌을 견딜 수 없어. 감정을 없애 버려야겠어!'라고 말하고 있다면, 감정에서 자유로워지기란 점점 더 힘들 것이다. 이럴 경우, 이렇게 말하자.

'지금 이 순간 이 감정을 가지고 있기에, 이 감정을 다른 방식으로 바라볼 것이며 이 감정을 최선을 다해 사용할 것이다.'

두 번째 출구: 재활용하기

감정들을 긍정적인 것 혹은 긍정적일 가능성으로 보고자 한다면, 감정들에 대한 접근 방식이 자연스레 변할 것이다. 뛰쳐나와 문을 향해 뛰

54

어가는 대신 그 감정들에 대해 좀 더 궁금해질 것이다. 이 모든 감정 에너지가 당신을 위해 움직일 수 있음을 깨달을 것이다. 이전에는 쓰레기 산처럼 보았던 것을 다시 보게 될 것이다.

감정 구출 계획의 두 번째 단계인 '명확하게 바라보기', 즉 안식을 향한 두 번째 통로는 재활용이다. 이 시점에서, 지금까지 밀치고 던져 버렸던 에너지를 완전히 그치게 해서는 안 된다. 대신, 이 에너지를 자기 것으로 만들고 재활용해야 한다. 이 에너지의 방향을 바꾸어 긍정적인 목적을 위해 쓸 수 있도록 해야 한다.

요즘은 쓰레기 재활용으로 온갖 종류의 유용한 것들을 만들 수 있다. 오늘 어떤 이가 쓰레기라고 버린 것이 내일에는 새 신발 한 켤레, 멋진 가방, 조각 테이블이 될 수 있다. 감정을 재활용하는 것이 습관이 되면, 쓰레기를 덜 만들어 낼 수 있다. 쓰레기를 적게 만들고 재활용품을 더 만들어 내는 것이 개인적으로 이익이 될뿐더러, 당신이 속한 공동체에도 도움이 될 것이다.

마찬가지로, 모든 감정을 부정적이거나 긍정적으로, 가치 없는 것 또는 가능성이 풍부한 것으로 볼 수 있다. 감정을 어떻게 보는지는 당신이 어떻게 바라보는지, 그 에너지를 어떻게 다루는지에 달려 있다. 슬픔, 불만 그리고 허영심은 당신의 쓰레기통을 채울 수도 있고, 감정 에너지의 유용한 재활용품을 잔뜩 만들 수도 있다.

어떻게 하면 감정을 쓰레기에서 멋진 신발로 바꿀 수 있을까? 어떻게 하면 역겨워서 처다보기 싫은 감정에서, 매력적이며 편안한 행복의 중심 감정이 생길 수 있을까? 감정이 일어날 때, 이러한 느낌들을 알아차리며 살펴보지 않은 채 아무렇게나 던져서는 안 된다. 주의를 기울여 이들의 자질을 자세히 살펴야 한다. 감정들에 대해 제대로 알면, 이들이 그렇게나 무서운 것이 아님을 알게 된다. 이 감정들이 당신이 필요로 하는 친구, 조력자 그리고 약이 될 수 있음에 감사하기 시작할 것이다. 조금씩 감정에 대한 편견을 넘어서 이들의 긍정적인 면들을 보기 시작하고, 감정들이 가진 변화의 힘을 보기 시작할 것이다. 어떻게 분노의 칼날이 명료함과 정확함이라는 자질을 가지고 있는지 이해하게 될 것이다. 감정들이 움직이는 방식에 대해 보다 심도 깊은 이해를 하기 시작할 것이다. 마치 사무실에서 일어난 갈등을 해결할 방법을 문득 알아내는 것처럼 똑같은 에너지가 망설임을 꿰뚫고 새로운 방향으로 나아가게끔 도와줄 것이다. 직장을 잃었다든가 실연을 했을 때 느끼는 슬픔, 버려짐, 절망 등의 에너지 역시 모든 면에 쓸 수 있는 통찰력과 영감의 원천이 될 수 있다.

버려야 할 만큼 쓸모없는 감정은 없다. 모든 감정은 재활용될 수 있다. 독사의 맹독이 생명을 살리는 약이 될 수 있듯, 사악한 시기심마저 긍정적인 친절함으로 변할 수 있다.

오래된 친구 하나가 노래를 만들었는데 어느 날 갑자기 인기가 생겼다. 하룻밤 만에 앨범을 내고 레코드 레이블까지 만들었다고 하자. 이제 당신은 친구의 환히 빛나는 얼굴을 아이패드에서 매일같이 보며 점점 질투를 느낀다. 자신은 여전히 카페에서 일하고 있다는 사실에 울음을 터뜨리는 대신 할 수 있는 건 무엇일까?

우선 자신이 시샘하고 있다는 사실을 인정한다. 그 후 마음속 감정의 출구를 알아차리며 바라볼 것을 기억함으로써, 일어나는 감정을 알아차려 다시 처리한다. 누가 당신 속에 들어와 당신의 주의를 끌겠다고 마음을 두드리면, 그들을 안으로 초대할 수는 있겠지만 기본적으로 지켜야 할 규칙을 정해 놓아야 한다. 나쁜 짓을 못하게 한다든가 뛰어다니지 못하게 한다든가 등등. 그 감정들은 진솔한 대화를 하는 동안 머무를 수 있다.

왜 이 감정들이 왔는가? 무엇이 그 감정들을 걱정하게 만들고 있는가? 그 감정들이 하고 싶은 말을 할 수 있는 길을 찾아가면서 차츰 표현 방법이 부드러워질 것이다. 공감할 여유가 생길 것이다. 질투는 그 친구의 행운에 대한 감사와 행복으로 변하기 시작할 것이다. 그러고 나면, 질투가 자신을 우울하게 하는 대신 꿈을 깨달을 영감을 줄 수도 있을 것이다.

감정 구출 계획은 재활용이라는 두 번째 출구로 향함으로써 당신의 에너지 방향을 바꿀 지식과 기술을 개발하도록 돕는다. 거듭될수록 감정들을 근본적으로 선한 것으로, 행복과 성장을 도와주는 친구처럼 느낄 것이다. 감정들에 대해 이처럼 긍정적인 마음을 가질 때 당신의 접근 방식은 보다 감정들에 관여하고 다가가서 그들을 느끼는 방식이 될 것이며, 그 잠재력을 탐험하는 식이 될 것이다. 감정들과 소통할 기회가 적고 감정들에 대한 이해가 거의 없다면 이 감정들은 무엇이 되겠는가?

이 지점에서, 자신의 감정들이 파괴적이라기보다 생산적이라는 점을 발견했을 것이다. 강렬한 느낌이 일어날 때 그리고 자제력을 잃기 시작할 때 기죽을 필요 없다. 감정에 대한 습관적 반응 방식을 깨부수는 데 필요한 것들을 바로 그 감정이 품고 있기 때문이다. 그 감정의 강렬함이 잠재적으로 당신을 일깨울 수 있으며, 선입견에 사로잡히지 않도록 당신을 흔들어 줄 수 있다. 감정들은 불꽃이며 사이다의 김과 같다. 감정과의 갈등과 좌절이 아름다운 음악과 시에 영감을 줄 수 있다. 물론 이들은 당신 가슴에 든 멍의 원천이기도 하다. 또한 치유와 자비의 원천이기도 하다.

세 번째 출구: 인식하기

감정을 창의적인 에너지로 여길 수 있는 단계에 다다를 때, 감정에 대한 접근 방식은 자연스레 다시 변한다. 당신은 인식이라는 세 번째 출구로 향하는 다음 단계로 갈 것이다.

이 단계에 이르면 거절 또는 재활용의 단계를 거치는 대신에 감정의 핵심을 향해 곧장 나아가 그 감정의 생생한 에너지와 있는 그대로 연결 지을 수 있다. 이 에너지는 너무나 생생해서 본질을 가리는 모든 고정된 사고방식과 습관의 여러 장막을 단번에 꿰뚫을 수 있다. '내려놓기'

라는 감정 구출 계획의 세 번째 단계가 당신을 이 세 번째 출구에 이를 수 있게 하는 방법이다.

감정을 있는 그대로 받아들일 수 있다면 그들을 새로운 눈을 통해 새롭게 바라볼 수 있을 것이다. 감정의 심장에 언제나 존재하는 지혜와 자비를 인식하기 시작할 것이다. 감정 속에서 예전부터 익숙하게 바라본 혼돈의 모습들이 아니라 명징하며 깨어 있는 지혜를 볼 수 있을 것이다.

이 지점에서 (좋은 것 vs. 나쁜 것과 같이) '모 아니면 도'라는 관점은 경험에 비추어 볼 때 말도 안 된다는 사실을 이미 알아차렸을 것이다. 감정은 많은 다른 느낌들을 한꺼번에 담는다. 그리고 그 느낌들을 다 표현할 수 없다 하더라도 단 하나의 메시지는 여전히 깊게 울리고 있는 것처럼 보인다. 그 느낌들의 영향을 줄이지 않고서는 감정에 대해서 어떠한 말도 하기 힘들다.

이러한 예들은 특별한 경우가 아니다. 어느 날 당신이 지루하며 그다지 만족스럽지 않은 삶을 살고 있다고 느낀다고 하자. 수천 리 떨어진 그림 같은 해변에 앉아 일몰을 바라보기를 꿈꾸며 여행 안내 팸플릿을 뒤적이고 있을 것이다. 매 순간 점점 더 불행해질 것이다. 그렇게 우울해하고 있을 그때, 어떠한 연유로 눈앞에서 그 일몰의 아름다움을 언뜻 보고 알아차린다. 당신이 보고 있는 장관은 말로도 표현할 수 없을 만큼 아름답다. 형언 불가의 장관이다.

만일 그러한 장관을 알아차릴 수 있다면, 이는 변화의 순간이 될 수 있을 것이다. 여행 책자를 뒤적거리기를 제쳐 두고 단순히 그 생생한 자리에 가서 사는 것과 마찬가지다. 여기에는 당신과 당신을 둘러싼 환경이 서로 분리되거나 이질적이지 않은 온전함의 섬광이 있다.

감정들을 거부하거나 재활용하면서 감정들과 소통하고 있다면, 고통과 갈등의 출구에서 약간의 우회로를 택하고 있는 셈이다. 괴로움과 분노가 재활용될 수 있으며 장래에 도움이 될 수 있는 것들이라고 제대로 이해할 때조차, 약간의 불만족이 남아 있다. 감정들의 가치를 제대로 보고 있지만 그것만으로는 충분하지 않다. 당신은 이러한 감정들을 보다 나은 어떤 것들로 변화시켜야 한다고 생각하게 될 것이다.

그러나 세 번째 출구로 향한다 하더라도 감정을 완전히 다른 어떤 것으로 바꿀 필요는 없다. 이 시점에서, 감정을 순수한 상태로 받아들일 수 있을 것이다. 감정들을 있는 그대로의 상태로 감싸 안을 수 있을 것이다.

감정을 쓰레기에 지나지 않는다고 생각하며 버리려고 애쓰지 말라. 이들이 친환경적 신발 또는 고무 지갑이 될 수 있는 큰 가능성을 가지고 있다고 생각해 일부러 바꾸려고 애쓰지도 말라. 감정들의 진면목이 엄청난 명료함, 통찰력 그리고 자비라는 것을 알아차릴 때, 이러한 두 가지 관점을 초월할 수 있다. 이 감정들의 원초적 상태, 본질과 연결할 수 있을 때 감정들은 당신이 본래 갖춘 지혜의 창의적 에너지를 격동적으로 일으킬 것이다.

자신과 자신의 감정을 괴로움, 고통, 자유, 행복에 연결시키는 네트

워크를 볼 수 있다면, 감정이 실제로 일어나고 있을 때 강렬한 느낌을 어떻게 다룰 것인지를 이론을 넘어서 제대로 계획할 수 있을 것이다.

나 자신에게
물어보기

감정과 소통하려는 의도 챙기기

자신의 감정들과 소통하고 싶다는 의지가 명확할 때조차 그리고 그 의지를 끝까지 가지고 가겠다고 결심했다 하더라도, 그랬다는 것을 잊어버릴 수 있다. 일이 바빠지고 다른 일들이 우리의 주의를 빼앗을 수 있다.

'알아차리며 거리 두기? 그게 뭐였더라?'

예전에 가졌던 감정에 대한 반응 양상들이 다시 슬금슬금 기어 나오기 시작할 것이고, 머지않아 예전과 다를 바 없는 불평, 익숙한 아픔과 고통 때문에 괴로움을 겪을 것이다. 주치의에게 아주 좋은 약을 얻었는데 복용을 잊은 것과 마찬가지다. 통증이 나아지지 않는 게 당연하다. 아래에 소개하는 연습이 감정과 소통하겠다는 의지와 동기를 다시 기억해 내는 데 도움을 줄 것이다. 감정 구출 계획을 정상적인 스케줄에 따라 실천할 수 있도록 되돌려 줄 수 있을 것이다.

실천 사항

내가 취할 행동에 대해 정의 내려 본다.

▶ 나는 _____ 할 것이다.

(예: 이번 주에 두 번, 30분씩 화요일과 토요일 아침 7시에 명상할 것이다.)

▶ 내가 _____ 할 때 나는 _____ 할 것이다.

(예: 아침에 일어났을 때 어떤 일을 시작하기 전에 내 의도를 다시 살펴볼 것이다).

▶ 내가 _____ 할 때 나는 _____ 할 것이다.

(예: 잠자리에 들 때 내 의도를 다시 살펴볼 것이며, 낮 동안 어떤 일을 실천할 수 있었는지 없었는지에 대해 다시 생각해 볼 것이다).

이 사항들에 대해 생각하고 글을 쓴다. 그러고 나서 다른 방식을 떠올려 본다. 이 글쓰기를 집, 직장 또는 여가 시간에 연결시켜 이러한 사실을 '상기하도록' 돕는다. 창의력을 펼쳐 보자.

'3단계 감정 구출 계획'
요약

'3단계 감정 구출 계획'을 성취하는 3시기별 과정은 다음과 같다.

1시기: 이제 막 시작함. 익숙해지기

▶ 감정에 대한 견해: 부정적

　무서운/유독한/압도적인/건전하지 않은/쓰레기 같은/위험한

▶ 첫 번째 단계 '알아차리며 거리 두기' 적용 →

　감정 에너지를 느끼고, 붙들고, 바라봄.

▶ 도착지: 제1출구 '거절'

　감정 에너지를 멈출 수 있게 됨. 혹은 그 상황을 떠날 수 있게 됨.

2시기: 좀 더 친숙해짐. 전세 바꾸기

▶ 감정에 대한 견해: 긍정적

　힘들지만 견딜 만한/건전한/개인의 개발을 위해 쓸 만한

▶ 두 번째 단계 '명확하게 바라보기' 적용 →

　('알아차리며 거리 두기'를 바탕으로) 보다 큰 그림을 이해함.

▶ 도착지: 제2출구 '재활용'

　감정을 재처리할 수 있게 됨. 필요 시 제1출구로 빠져나갈 수 있음.

3시기: 무위의 춤, 모든 것이 함께 흐른다

▶ 감정에 대한 견해: 창의적인 에너지

'좋고 나쁨'을 초월함/말로 표현할 수 없는 명확함/연민/완전함

▶ 세 번째 단계 '내려놓기' 적용 →

('알아차리며 거리 두기'와 '명확하게 바라보기'를 바탕으로) 뭉쳐 있는 스

트레스성 감정 에너지를 몸과 마음의 긴장을 이완함으로써 풀어냄.

▶ 도착지: 제3출구 '인식'

깨어 있으면서도 풍부한 자질을 지닌 감정 에너지를 있는 그대로

바라보게 됨. 필요 시 제1출구와 제2출구로 갈 수 있음.

3

감정 구조대
출동 중

—

성공에 이르는 길은
늘 공사 중이다.

_릴리 탐린(배우, 1939~)

이론상으로, 감정과 소통하는 것은 참 쉬워 보인다. 그러나 실천에 옮기기 시작하면 전혀 다른 이야기가 된다. 상사가 해고 통지서를 건네 주거나, 딸이 무단결석을 하거나, 배우자가 당신이 새로 한 헤어스타일을 마음에 들어 하지 않는다. '후회할 말을 하기 전에 알아차리며 바라보고 멈추라.'라는, 읽을 때는 쉬워 보이던 일도 막상 그 상황에 닥치고 나면 실천에 옮기기 쉽지 않다. '지금 이 말은 꼭 해야겠어. 내가 뭘 말하고 싶은지만 말하자. 그게 다야. 그러고 나서는 쿨하게 있자.'라고 생각할지도 모르겠다. 그런데 정말 딱 거기까지만 한 적이 있는가?

습관적인 감정 표출 방식에 딱 1센티만 자리를 내어준 것인데, 정신을 차리고 보면 오랜 습관이 자기도 모르는 사이에 저 멀리, 예전에 걸었던 똑같은 길로 당신을 다시 데려다 놓는다. 똑같은 경치, 똑같은 괴로움….

남의 이야기 같지 않다면, 스스로를 너무 가혹하게 대하지 말기 바란다. 자학은 과거에도, 앞으로도 도움이 되지 않을게 뻔하기 때문이다. 좋은 계획을 가지는 것이 장차 도움이 될 것이다. 갑자기 강한 감정이 북받칠 때는 멈춘다는 것도, 빠져 나갈 길을 만드는 것도 이미 불가능하기 때문이다.

3단계 감정 구출 계획: 최악의 숙적을 아군으로 만드는 대책

감정 구출 계획은 세 가지 단순한 단계로 구성되어 있다. '알아차리며 거리 두기' '명확하게 바라보기' 그리고 '내려놓기'. 감정 때문에 불편하다거나, 감정에 지배당한다는 생각이 들 때는 언제든지 이 세 방법을 써서 빠르게 마음을 가라앉히고 처한 상황에서 오는 스트레스를 완화시킬 수 있다. 이 3단계를 연습함으로써, 자신을 돕는 대신 자신에게 상처를 줘 왔던 습관적 행동 양식에 어떻게 거듭 얽매이게 되었는지 이해하기 시작할 것이다.

물론 당신의 의지가 문제를 일으키기보다는 피하고자 하고, 감정에서 일어나는 괴로움을 강화시키기보다는 약화시키고 싶어 한다는 것은 분명하다. 그러나 당신의 행동은 종종 원하던 바와 반대의 결과를 낳곤 한다. 당신의 애인 보는 눈에 대해 친구가 감정 상하는 말을 할 때 아무 생각 없이 예전에 하던 대로 발끈할지, 차분하고 쿨하게 반응할지 사이에서 고를 때 또는 당신이 회의 직전에 신입 사원에게 말했던 것과 너무나 흡사한 아이디어를 두고 직장 상사가 신입 사원을 칭찬할 때 또는 뭔가 속에서 부글거리며 애들이나 개, 슈퍼마켓의 점원에게 소리 지르고 싶다는 느낌이 들 때, 당신은 자신의 최악의 적이다.

감정 에너지에 대한 습관적인 자동 반응은 지금까지 거듭해 왔던 것을 하도록 당신을 부추기거나 밀어붙이기까지 한다. 10초 뒤에 당신이 당혹스러워하든 말든, 자신이 바보, 멍청이 같다고 하든 말든, 당신은 그렇게 할 것이다. 3단계 감정 구출 계획을 따라 연습하면서 배우는 것들은 이 끈질기게 버티며 호소력 있는 듯한 습관적 행동 유형에서 당신을 자유롭게 해 줄 것이다. 뇌 신경과학의 최근 연구 결과에 따르면, 단순히 첫 번째 단계인 '알아차리며 거리 두기'를 몇 분만 해도 실수를 줄이고, 보다 나은 결정을 내리며, 나쁜 결정을 피하도록 하는 데 큰 영향을 준다.

처음에는 첫 번째 단계인 '알아차리며 거리 두기'를 연습하는 데에만 집중한다. 첫 번째 단계가 익숙해지고 자연스럽게 되면, 두 번째 단계인 '명확하게 바라보기'를 한다. 마지막으로, 세 번째 단계를 연습한다. 그렇게 되면 감정이 일어남과 동시에, 그 감정과 소통하도록 하는 지침이 함께 일어나는 단계까지 다다를 것이다. 이는 좋은 교육을 받았을 때 드는 자신감 내지는 호주머니에 약간의 돈이 있음을 알 때 드는 자신감을 줄 것이다.

이 책을 읽으면서 염두에 두어야 할 점은, 이 책이 굉장히 자세하게 3단계를 설명하고 있다는 것이다. 그래서 자칫 길고 지루한 것처럼 보일 수 있다. 그러나 실제로 실천에 옮기면 설명한 것보다는 빠르게 다음 단계로 나아갈 수 있을 것이다. 이제 첫 번째 단계인 '알아차리며 거리 두기'를 해 보자.

알아차리며 거리 두기mindful gap

영국에는 튜브the Tube라고 하는 지하철 시스템이 있다. 이 튜브는 런던과 런던의 인근 지역에 운행하는 것이다. 지하철이 멈추고 문이 열리면, 다음과 같은 녹음된 목소리가 스피커를 통해 흘러나온다.

"틈을 주의하세요Mind the gap."

이 안내 방송은 승객들에게 승강장과 지하철 사이의 빈 틈을 조심할 것을 상기시키는 것이다. "틈을 주의하세요."는 런던 관광 체험의 일부가 되어 관광객용 티셔츠로 판매되기도 한다.

런던 지하철에 들어선다면, 틈에 주의를 기울여야 한다. 안 그러면 승강장과 지하철 사이에 빠져 다치고 말 테니까. 감정들과 소통할 때에는 '틈에 주의를 기울이는' 방법이 약간 다르다. 당신이 강렬한 느낌을 가지고 있을 그 순간에 자신과 감정들 사이의 틈에 주의를 기울이지 않는다면, 모든 면에서 위험하다.

'알아차리며 거리 두기'는 느끼기, 붙들기, 바라보기라는 세 부분으로 이루어져 있다. 이 '알아차리며 거리 두기'의 단계는 주의를 기울여야 한다는 것을 상기하는 데서 시작한다. 즉, 어떠한 행동을 하기 전에 누가 마음 문을 두드리는지 살펴볼 것을 잊지 않는 것이다. 만일 운 좋게 심기를 건드리는 감정이 몰아치는 첫 순간을 알아차렸다면, 대단한 것이다. 마음의 소동이 일어난 다음에 심기를 불편하게 만든 원인을 발견해 내는 일 또한 잘한 것이다. 모든 상황이 끝나고 고요와 평화가 돌아왔을 때까지 아무것도 알아차리지 못한 것보다 훨씬 더 낫다.

감정 구출 계획 가운데 첫 번째 단계인 '알아차리며 거리 두기'는 다음과 같이 작용한다. 화를 예로 삼아 보자. 화는 우리 모두가 공통적으로 느끼는 것이며, 늘 다루기 힘들기 때문이다.

1단계

알아차리며 거리 두기

▶ 느끼기 – 멈춘 상태로 그저 그 감정의 에너지를 '느낀다.' 감정 에너지의 흐름을 막지 않는다. 반응하지 않는다.

▶ 붙들기(머물기) – 지금 막 일어난 일에 대응하지 않으며 앞으로 할 일로 시간을 빨리감기 하지도 않는다.

▶ 바라보기(응시하기) – 감정을 '직접 마주하고' 감정의 천연 그대로의 상태를 바라본다. 약간의 호기심이 도움이 될 것이다.

알아차리며 거리 두기: 느끼기

'알아차리며 거리 두기'에서 출발점은 느낌이다. '느낀다.'라는 건 무얼 뜻하는가? 예를 들어 월세를 올리겠다는 통지를 받는 것처럼 무엇인가 일어나고 화가 나기 시작했다는 사실을 알아차린다. 그 감정이 일어나고 있다는 것을 인식하는 순간, 모든 것을 멈추고 그 감정을 단지 '느낀다.' 그 감정의 에너지를 막지는 않지만, 그 에너지에 반응하지도 않는다. 그게 다다. 이 지점에서는 아무것도 하지 않아도 된다. 그저 느끼

71

고 있는 것을 주시하며 알아차리기만 하면 된다.

감정을 느끼는 데 시간을 내준다면, 모든 것이 저절로 느려질 것이다. 주의를 내면으로 돌린다. 그러면 바로 거기에 숨 쉴 틈이 있음을 느낄 것이고, 따라서 감정에 압도당하지 않을 것이다. 당신이 느낀 바로 이 공간에서, 자신과 자신이 느끼고 있는 화 사이의 틈을 발견할 수 있다. 이 약간의 거리가 '감정이 곧 나 자신은 아니라는 것'을 보여 준다. 당신은 화가 나 어찌할 바를 모르는 사람이기만 한 것이 아니다. 화 내는 이를 관찰하고 있는 사람이기도 하다. 만일 당신과 당신의 화가 동일한 존재라면, 어떻게 당신이 그 장면을 보고 있겠는가?

이것이 '알아차리며 거리 두기'의 핵심이다. 이는 안전 운전 습관과 비슷하다. 운전 교습소에서 학생은 자신의 차와 앞서 가는 차 사이에 일정 정도의 안전거리를 둬야 한다는 것을 배운다. 이 규칙을 따르며 운전하는데 앞서 가던 차가 급정거했다면, 당신은 급정지를 하면서도 충돌을 피할 시간을 벌 수 있다. 너무 딱 붙어서 운전하면 비싼 돈이 들어갈 후회스러운 사고를 겪을 확률이 높다.

'알아차리며 거리 두기'는 화와 엮인 것을 모두 끊어 내겠다며 충동적으로 화를 밀쳐 내는 것과는 매우 다르다. 여기서 당신은 그 감정 에너지와 연결되어 있는 상태를 유지해야 한다. 사소한 짜증부터 상실, 공포 그리고 슬픔의 시련까지 어떤 것이든, 그 감정을 느끼고자 해야 한다. 연인과 즐거운 여행을 떠났다고 치자. 연인이 호텔에 대해 불평하고 당신의 운전 솜씨를 가지고 투덜거린다. 슬슬 열 받기 시작할 때 '알아차리며 거리 두기, 알아차리며 거리 두기…'라고 마음속으로 되뇐다면 크게 싸우는 것을 피하고 대화의 방법을 찾을 수 있을 것이다.

기억하자. '그 사람은 이해를 못 해. 아무리 얘기를 하려고 해도…'처럼 독백으로 말하는 모든 이야기들과 그 이야기에 근거한 (상한 감정, 분노 등의) 느낌이 반드시 같지는 않다. 당신이 연인에게 "나는 늘 네가 나한테 뭐라고 하는 것같이 느껴져."라고 말한다면, 당신은 여전히 바깥을 보고 있는 셈이다. 그러나 이는 당신이 느끼고 있는 것에 대한 정확한 설명이라기보다 연인이 하고 있는 것에 대한 것이다. 이와 같은 설명은 당신 이야기의 일부기는 하지만, 당신의 감정을 기술한다기보다 당신의 생각을 기술한다. 반대로, 당신이 "정말 화가 난다고 느껴져."라고 말한다면, 이는 당신의 내면을 바라보는 것이며 감정의 근본 에너지에 보다 더 가까이 다가간 것이다.

이 지점에 이르러, 주의를 몸으로 돌려 보자. 어떤 감각을 느끼는가? 머리가 지끈거리는 감각이 있는가? 턱이나 어깨에 힘이 들어가 있는가? 어질어질하거나 흔들리는 느낌인가? 주의를 몸의 느낌으로 돌리면, 무엇이 자신을 화나게 했는지에 매달리는 것을 내려놓기 쉬워진다. 가능한 한 긴장을 풀라. 걱정과 흠을 찾겠다는 생각이 일어난다면, 그러한 생각들을 내려놓고 몸과 마음이 어떻게 느끼는지에 다시 집중하라. 이는 큰 용기를 필요로 한다. 즉, '느끼겠다.'라는 강한 의도를 가지고 있어야 한다. 심지어 그 느낌을 끊어 버리고 싶을 때조차 말이다.

여기서 '이게 뭔 계획이지? 내가 그 혹독한 감정을 느껴야 한다고?' 라고 생각할 수도 있다. 걱정 마시라. 느끼겠다는 결정은 이 화라는 감정과 함께 하는 수련의 시작에 불과하다. 감정의 에너지와 자신의 차이에 주의를 집중하는 것은 이전에는 알지 못하던 틈을 만들어 냈다. 이 틈이 앞을 내다볼 수 있게는 해 주지만, 당신은 여전히 명확하게 보지는 못한다.

알아차리며 거리 두기: 붙들기

'알아차리며 거리 두기' 가운데 붙들기의 단계는 당신 주변에서 무엇이 그리 설치고 다녔는지를 실제로 찾아내 제대로 보는 단계다. 당신은 모든 것의 속도를 낮추고 화라는 감정을 제대로 느낌으로써 판도를 이미 바꿨다. 이제 '붙들기'의 단계에서는 '중지' 버튼을 눌러 그 현재의 순간에 당신을 머무르게 한다. 분노의 에너지를 계속해서 느낀다. 당신은 그 경험의 순간에 머물며 알아차리며 바라보지만 반응은 하지 않는다. 방금 전에 무슨 말을 들었는지, 무엇이 일어났는지 되새기지 않는다. 또한 처음으로 내뱉고자 했던 멋진 말들을 쏟아부을 미래의 순간으로 빨리감기도 하지 않는다. 그저 살아 있는, 호흡을 하는 그 현재에 조용히 머문다.

이 지점에서 할 일은 긴장을 풀고 의식을 감정 에너지에 집중한 채 있는 것밖에 없다. 만일 이때 무엇인가를 하려고 한다면 그 순간에 고요히 머물 수 없을 것이다. 진짜로 무엇이 일어나고 있는지를 볼 수 있는 자리에서 등을 기대고 늘어져 앉아 있지는 않을 것이다. 가끔은 아무것도 하지 않는 것이 최선일 때도 있다. 만일 당신이 화를 느끼고 있다면, 사실 피할 수 없다. 이는 교통 정체 속에 끼어 있는 것과 마찬가지다. 다른 길로 갔었으면 하고 후회하든 얼마나 늦게 도착하든, 그 상황에서 할 수 있는 일은 없다. 그렇다면 이 상황에서 당신의 선택은 무엇인가? 발버둥 치며 자신을 더 괴롭게 만들 수도 있고, 긴장을 풀 수도 있다. 마찬가지로 '붙들기'의 단계를 처음 연습할 때는 교통 체증에 끼어 있는 것 같은 느낌을 받을 수도 있다. 감정의 속도는 갑자기 떨어지지만, 기어를 낮추는 데 애를 먹을 것이다. 만일 차에 앉아 액셀을 밟고 싶은 충동을 억누르며 발을 동동 구르지 않는다면, 평화로운 시간을 즐길 수도 있다.

순수하게 멈추고만 있다면(그냥 그 자리에 있으면서 긴장을 풀고 있다면) 어떻게 도움이 되겠는가? 그 감정의 강렬함을 잠시, 10분만이라도 붙들 수 있다면 강렬하고 놀라운 경험을 할 수 있을 것이다. 처음에는 혼자 있어야 할 수도 있다. 문을 닫은 채 누구의 방해도 받지 않을 곳으로 자리를 옮겨야 할 수도 있다. 점점 익숙해지면 집에 있거나 길거리에서 뜨거운 논쟁을 벌이고 있는 동안에도 할 수 있을 것이다. 더 배배 꼬인 스토리라인을 짜려고 하는 짜증나는 생각들 속에서 자기 자신을 잃지 않고 화를 관찰할 수 있다면, 감정은 당신이 어떻게 하지 않아도 스스로의 힘으로 자연스럽게 변화하고 진화할 것이다. 이 상태에 진득하니 있지 않는다면 무엇이 일어나는지 알 수 없다. 화가 일으키는 모든 미묘한 변화를 놓치고 말 것이다. 당신이 단지 그 감정의 에너지를 고요히 '붙들고' 있다면 그 에너지가 바뀌고 변화하는 것을 볼 수 있다. 강해졌다가 약해졌다가 하는 감정을 관찰할 수 있다. 이 감정은 다른 감정들에 의해 방해 받기도 한다. 이 감정의 에너지는 자기 이야기를 바꾼다. 이 에너지는 화였다가 갑자기 질투나 열정으로 바뀐다. 우리가 경험하는 감정은 지속되는 단 하나의 것이 아니다. 이 감정의 에너지는 끊임없이 변화한다.

감정 에너지를 '느끼는' 것에 대단한 용기를 필요로 했듯이, '붙들고 있는' 것 역시 인내가 필요하다. 인내라고 해서 단순히 수동적으로 이를 악물고 참으면서 그 에너지가 지나가기를 기다리는 것이 아니다. 요는 무엇을 느끼건 그 에너지가 되돌아올 때마다 거듭해서 그 순간에 반응하지 않은 채 머무는 것이다. 마음을 연 채, 그 느낌을 붙들고 그 느낌과 머물기를 거듭하도록 노력하자. 감정들을 느끼는 바로 그 순간, 감정들이 나쁘다거나 쓸모없다고 생각하지 말고 감정들을 아무런 선입견 없이 경험하도록 노력하자. 모든 과정이 당신의 감정을 호의적으로 솜씨 있게 이어 보고자 하는 것이다. 감정들이 일어날 때 억누르지 말고 그들 고유의 모습으로 일어나도록 내버려 두고 그 장관을 바라보기만 한다.

단순히 알아차림 한 채 앉아 있을 수 있다면, 즉 감정들이 일어나고 자연스레 사라지는 것을 '느끼고 붙잡고' 있을 수 있다면, 감정이 어떻게 변하는지뿐만 아니라 감정에 대한 당신의 인식이 어떻게 변하는지까지 볼 수 있다. 그 감정이 무엇이고 누구라고, 그 감정의 모든 것이라고 당신이 추측하고 붙였던 이름표들까지 변화하고 있음이 보일 것이다.

아마 당신은 지금 지원한 일자리가 가장 이상적인 일자리라고 생각했을 것이다. 그 일자리를 잡지 못했을 때, 당신은 슬픈 나머지 이성을 잃을 것이다. 그러나 괴로움의 감정을 보고 있을 때, 당신은 거기에 약간의 안도의 마음도 있다는 것을 볼 수 있다. 왜냐하면 다른 도시로 당장 이사 가지 않아도 되기 때문이다. 혹은 이 일자리를 잡아서 '부모님이 날 자랑스럽게 여기게 하고 싶다.'는 데 집착하고 있었음을 볼 수도 있다.

반대로 당신이 이 일을 진정으로 원했거나 이 일자리가 절실하게 필요했다면, 당신의 감정들과 딱 붙어 있으면서 그 감정들이 드러내야 했던 것들을 지켜보는 일이 후회를 내보내고 다음 단계로 나아갈 방법을 모색하도록 도와줄 것이다. 무슨 일이 일어나든, 그 일자리에 대한 애초의 욕망을 사뭇 다르게 볼 것이고 왜 그것이 중요했는지에 대해서도 다르게 볼 것이다. 상황을 바라보는 방법이 하나가 아님을 이해하는 것이 당신이 진심으로 바라는 것과 당신이 어디로 나아가야 할지를 밝혀 줄 것이다.

이 과정을 오랜 시간에 걸쳐 지켜봄에 따라, 당신은 차츰 감정들을 진정 열린 마음과 정신적인 자유의 느낌을 가지고 경험할 수 있을 것이다.

가끔 우리는 좌절하며 이렇게 생각한다. '할 수 있는 건 다 해 봤어. 그런데 똑같은 감정이 또 일어나는걸. 이건 고문이야!'

틀린 말이 아니겠지만, 생각대로는 아니다. 우리가 느끼는 감정은 매

순간 새로운 것이다. 완전히 새로운 화, 질투, 열정, 자부심을 경험하는 순간이다. 지금 경험하는 감정은 어제, 엊그제, 어릴 적 아버지가 뭔가를 사 주지 않았을 때 느꼈던 분노, 모멸감과는 전혀 다른 새로운 경험이다. 완전히 새로운 현재의 순간에만 느끼는 전혀 새로운 감정인 것이다.

지금의 경험이 그전의 경험을 기억나게 해 준다 하더라도, 즉 종종 과거에 겪은 마음의 상처나 모욕과 비슷한 일을 지금 겪었다 하더라도, 그 순간은 이미 지나갔다. 이러한 오래된 느낌들은 당신 주위를 맴돌며 인생 전체를 따라다닐 수는 없다. 지금의 당신은 이미 예전의 당신이 아니다. 환경과 주변이 너무나 다르다. 당신이 지금 이 순간 무엇을 느끼고 있든, 그것은 유일한 것이며 반복할 수 없는 것이다. 그렇다고 해서 과거의 경험에 대해 곰곰이 생각하는 일이 전혀 연관성이 없다든가, 가치가 없다는 말은 아니다. 과거의 경험에 대한 깊은 생각은 매우 중요한 지혜를 낳을 수 있다. 그러나 똑같은 것과 비슷한 것 사이의 차이를 보는 것이 마음을 자유롭게 하는 데 결정적일 수 있다. 오늘 아침에 떠오른 태양은 아름답지만, 어제 떠올랐던 태양 또는 내일 떠오를 태양과 정확히 똑같은 방식으로 떠오르는 것은 아니다. 새로움과 신선함, 더불어 연관성의 깨달음은 궁금증을 계속 유발할 것이다. 그리고 이 감정이 여기 있는 이 순간에 대해 무엇을 발견할 수 있는지 보게끔 북돋아 줄 것이다.

알아차리며 거리 두기: 바라보기

'알아차리며 거리 두기'의 마지막 부분은 당신이 '바라보는' 대상에 대한 것이다. '느낌'과 '붙들고 있음'을 통해 당신은 많은 것을 배웠기 때문에, 감정에 대한 현재의 관점은 이전과는 다를 것이다. 이제 보다 깊은 이해와 훨씬 명료한 관점으로 감정을 대할 수 있을 것이다. 감정을 다루는 데 있어서, 이제 막 감정 에너지를 '느끼기' 시작했던 신참이었던 당신과 비교해 본다면, 지금의 당신은 거의 전문가라고 볼 수 있다. 그렇다면 이제 더 알아야 할 것이 있을까?

지금까지 감정을 대하는 이전의 반응 양식은 당신을 충분히 속여왔다. 따라서 이제는 그렇게 당하지 않겠다는 굳은 결심을 가지고 강렬한 감정 에너지가 어떠한 방식으로 마음의 문을 두드리더라도 그 감정 에너지를 마주 대한다. 화, 격정, 질투 또는 슬픔을 어떠한 필터도 통하지 않고 바라본다.

예를 들어, 카메라 필터는 빛의 양을 조절해 이미지의 질을 향상시키거나 특수 효과를 더하기 위해 사용한다. 이때, 악당 닥터 둠이나 운명의 세 여신Weird Sisters[9]의 모습을 미화하려고 하지 말라. 느낌들의 모습을 더 좋아 보이게 하거나, 예의 바른 것처럼 보이게 하거나, 할리우드 스타일로 화려하게 꾸미지 말고 자신의 사고를 그 감정 위에 덧씌우지 않아야 한다. 감정의 '발가벗은 모습'을 볼 때, 우리는 그 감정들의 정제되지 않은, 자연 그대로의 모습-오 나뛰렐au naturel-을 보는 것이다. 이 감정들은 어떠한 개념이나 철학적 해석의 옷도 입고 있지 않다.

---

9) 소설과 영화 〈해리포터〉에 나오는 마법 세계의 유명 록 밴드.

이 바라보기가 지금까지 연습해 왔던 두 가지와 어떻게 다를까? 당신은 이미 감정들이 생각보다 유동적이라는 것을 알고 있을 것이다. 감정의 경험을 발가벗은 상태로 바라볼 때 보다 많은 것을 볼 수 있다는 것이 바로 '바라보기'의 차이점이다. 이 지점에서 당신은 감정들을 순간적인 것으로도, 공간을 가득 채운 것으로도 볼 수 있다. 즉, 감정들은 반짝이는 불빛 혹은 청량음료 위의 거품과도 같다. 화가 불꽃처럼 번쩍인 다음에 다른 불꽃이 또 일어난다. 이들은 일어나고 사라지며, 깜빡거리고 펑 터진다. 이들은 오직 현재의 순간, 현재의 공간에서만 살아 있다. 이 불꽃들은 연관되어 있지만, 이들은 동일하지 않으며 오래가지도 않는다. 이 감정들은 매 순간 새롭다. 지금 깨달은 것은 감정들의 진면목이다. 끊임없이 움직이며 변화하는 감정들의 바로 그 본성. 이것이 감정들이 존재하는 방식이다. 이것이 감정들이 하는 일들이다. 이것이 매우 심오한 지혜이며, 이것이 감정들과 당신의 관계를 영원히 바꿔 줄 것이다.

감정은 오랫동안 오해받아 왔다. 대부분의 사람들은 감정을 사물과 소유물과 같은 방식으로 바라봐 왔다. 우리는 감정을 마치 산이나 컵처럼 견고하고, 연속적이며, 오랫동안 존재하는 것인 양 이해해 왔다. 이러한 견해를 한 번이라도 의심해 본 적 있는가? 당신의 감정 가운데 하나를 자리에 앉혀 '너 진짜 내가 짐작하는 대로니?'라고 물어본 적 있는가?

우리는 대부분의 시간을 감정에 대한 첫인상이 감정의 전부인 듯

여기면서 그 첫인상을 사실이라고 생각한다. 거리를 걸어가는 한 사내를 본다고 치자. 우리가 그 사람에게 '안전한 사람' 또는 우리에게서 무엇인가를 강탈하거나 죽일 '의심쩍은 사람'이라는 딱지를 붙이는 데는 몇 초도 걸리지 않는다. 그런데, 그렇게 할 때의 기준은 무엇인가? 헤어스타일? 옷가지? 정말 직관력이 발달한 사람이 아니라면 단지 눈길을 끄는 것 또는 그 사람의 사회 계층에 대한 막연한 느낌에 기대 판단하는 것이다. 이는 대부분의 우리가 성질을 내고 반응하는 방식과 그다지 다르지 않다. 우리는 그 대상의 진면목이 무엇인지 바라보는 데 시간을 할애하지 않는다. 그랬다면 아마 아주 큰 차이를 만들었을 것이다. 한 여성이 슈퍼마켓 복도에서 당신 팔에 부딪혔다고 치자. 바로 짜증을 내면서 그녀가 아무 생각도 없고 멍청하고 굼뜨다고 나무랄 것이다. 그녀의 지친 얼굴과 그녀의 팔에 매달린 세 아이들을 보지 못한 채 말이다. 그 사실과 상황 전체를 제대로 알아차리자마자 화는 순식간에 사라지고 안쓰러운 마음이 들기 시작할 것이다.

느낌들이 순간적인 존재에 불과하다는 것을 이해하기 시작할 때, 마음챙김에 대한 모든 노력들이 진가를 발휘하기 시작할 것이다. 그리고 마침내 모든 감정들의 진정한 모습, 본래의 상태, 그 진면목을 경험하게 될 것이다. 순간의 연속에서 화가 일어났다 사라지는 방식을 이해하게 될 것이다. 이를 통해 감정이라는 것이 밧줄이나 쇠사슬처럼 연속적으로 이어지는 것이 아님을 깨닫게 될 것이다. 사실상 이러한 깨달음을 유지해야 한다. 화, 남에 대한 비난, 똑같이 되갚아 주겠다는 생각을 계속 하고 있지 않다면, 그 화는 그저 사라질 것이다. 이 화에 에너지를 계속 부채질하지 않는다면 화라는 감정은 자연스레 사라질 것이고 일어난다 하더라도 전보다는 덜할 것이다. 이 실험을 시작해 보라. 당신의 화에 친절, 연민, 용서와 같은 긍정적인 생각을 계속 먹이면서 어떤 일이 일어나는지 살펴보라.

세 번째 부분인 바라보기를 연습할 때는 두 가지를 주시해야 한다. 바라보기는 감정과 소통하는 데 있어 앞으로 무엇을 해야 할지를 보여주며, 감정에 대한 인식을 그 근본부터 완전히 바꾸어 놓을 것이다. 화를 거칠고 단단한 어떤 것이 아니라 유연하고 유동적인 에너지로 볼 수 있게 될 것이다. 그리고 이러한 관점의 변화로 인해 해방감을 맛볼 수 있을 것이다.

다음과 같은 주요한 점들을 꼭 기억하자. 우리 감정들은 본래 그대로의 상태에서는 그저 순수한 창의적 에너지일 뿐이다. 우리는 이 에너지를 사용하는 방법과 유려하게 그 에너지를 이끌 방법을 배울 수 있다.

이제 이러한 연습을 통해 감정들의 유동적인 움직임의 진가를 음미하면서 감정들이 어떻게 활동하는지 새로운 눈으로 볼 수 있을 것이다. 이는 마치 훌륭한 요가 강사가 우아하면서도 힘들이지 않고 유려하게 쉼 없이 복잡한 요가 자세를 이루는 것을 보는 것과 같다. 감정을 이렇게 바라볼 수 있다면, 감정들을 바라보는 자신의 마음가짐을 억지로 바꾸려고 노력할 필요가 없을 것이다. 피하기 위해 노력하는 대신, 그 춤에 감탄할 것이다. 당신의 주의는 아주 자연스럽게 보다 긍정적이고 호의적인 관점으로 옮겨 갈 것이다. 이 유리한 위치에서 모든 것을 명확하게 바라볼 수 있을 것이다.

이 방법들을 연습할수록 감정들과 자신 사이에 약간의 틈을 줌으로써 감정들의 상태를 관찰하고 변화시키는 데 있어 더 솜씨가 좋아질 것이다. 느끼기, 붙들기, 바라보기에 주의를 기울일 때 감정들이 마음을 어지럽히고 고통스러운 행동 유형을 반복하는 것을 멈출 수 있다.

그러니 감정이 일어날 때, 주의하라. 우선 감정을 느끼고, 어떠한 즉각적 반응도 삼가면서 그 감정을 붙들고 있다가 그 틈을 응시하라. 감정을 느끼고 경험하고 무엇이 일어나는지 바라보라.

나 자신에게
물어보기

지금 느끼고 있는 감정은 무엇인가?

지금 이 순간 감정의 온도는 몇 도인가? 일할 준비를 하거나, 돈을 계산하거나, 텔레비전을 보고 있는 동안에도 잠시 멈추고 감정을 살펴볼 수 있다. 이따금 감정의 강도가 그리 강하지 않고 익숙한 감정이라서 불편함의 기미를 눈치채지 못할 수 있다. 반대로 이성을 잃고 폭발 일보 직전이라고 느낄 수도 있다. 이럴 때 아래와 같은 간단한 질문들을 스스로에게 함으로써 감정에 대한 반응을 멈추고, 재점검한 뒤에, 방향을 바꿀 수 있을 것이다.

▶ 나는 어떠한 감정을 지금 느끼고 있는가? 화가 나 있는가? 두려운가? 슬픈가? 아니면 멍하니 있는가?

▶ 가장 약한 느낌을 1, 가장 강한 느낌을 100이라고 한다면, 1에서 10까지 중 그 느낌은 어느 정도인가?

▶ 그 느낌의 질감은 어떠한가? 날카로운가? 둔탁한가? 칼날 같은가? 진동하는가? 등등.

▶ 이 느낌은 단순히 사라지는가? 아니면 다른 감정으로 바뀌는가?

매번 다른 답을 얻게 될 것이다. 조건이 다를 수 있는 데다 우리의 감정들은 표정이 매우 풍부하기 때문이다.

4

빅
픽처

—

당신이 무엇을 보는가가 중요한 게 아니다.
무엇이 보이는가가 중요하다.

_헨리 데이비드 소로(시인, 1817~1862)

감정 구출 계획의 두 번째 단계인 '명확하게 바라보기'는 강렬한 감정이 일어나는 순간들마다 '알아차리며 거리 두기'라는 첫 번째 단계를 거듭 연습한 자연스러운 결과다. 틈을 알아차릴 수 있다면, 즉 감정을 느끼고 붙들고 있다가 그 틈을 바라볼 수 있다면, 화가 나서 미쳐 버릴 것 같을 때 자신에게 숨 쉴 공간을 더 줄 수 있다. 그렇게 하면 보다 큰 공간 감각을 가질 수 있으며, 그 넓은 공간 속에서 보다 완전한 그림을 볼 수 있다.

감정적으로 견디기 힘든 상황에서 그큰 그림을 간과해서는 안 된다.

큰 그림을 간과하는 것은 많은 차들이 쌩쌩 달리는 교차로에서 좌우를 살피지 않고 앞으로 돌진하는 것과 다를 바 없다. 물론 운이 억세게 좋다면 사고를 내지 않으면서 요리조리 피해 나갈 수 있을 수도 있겠다. 아니면 다른 차에 부딪히거나 행인을 칠 수도 있고. 마찬가지로, 감정의 교차로를 향할 때 혹은 관계가 위태로운 결정적인 상황을 마주대할 때 재앙을 피하고 싶다면 주의를 집중할 필요가 있다.

당신이 '주의-미끄러움' '속도를 줄이시오.'와 같은 경고판을 지나쳤다는 것을 뒤늦게 알아챘다고 하자. 이제 당신은 앞으로 펼쳐질 길이 어떠한지, 무슨 일이 일어날지 명확하게 알고 있다. 고통스러운 사고를 피하기 위해 핸들을 돌리려고 노력하면서도 이미 어찌할 수 없이 길바닥에 미끄러지고 있는 자신을 볼 수 있을 것이다.

이 순간 큰 그림이란 무엇일까? 도로, 날씨 상황, 서두르는 급한 마음 그리고 전화상으로 한 말다툼, 길가에 세워진 순찰차까지. 이 모든 요소들이 (당신의 차나 핸드백에 큰 흠집을 내지 않고) 안전하게 집까지 갈 수 있는지 없는지에 영향을 줄 것이다.

큰 그림이란 무엇인가?

명확하게 바라본다는 것은 화를 내는 순간, 깨진 화병과 같은 것들을 더 이상 마음에 하나하나 담아 두지 않음을 뜻한다. 대신 그 일이 일어났던 세팅, 즉 전반적인 상황을 주시한다. 이렇게 하면 어디서 화가 나는지, 누가, 무엇이 그 가까이에 있었는지가 명확하게 다가온다. 이는 사진을 찍을 때 사람과 대상을 상호관계 속에서 보여 주거나 그들을 둘러싼 환경을 보여 주는 롱 샷 혹은 와이드 샷[10]과 비슷하다. 아름다운 꽃을 보았다고 하자. 이 꽃은 야생에서 자라는 꽃인가, 아니면 정원에서 자랄까? 꽃가게에서 싸게 파는 꽃인가? 꽃이 자란 세팅이 당신이 꽃을 바라보는 방식에 영향을 미치는가? 꽃을 보는 시각이 그 꽃이 있던 세팅을 바라보는 방식에 영향을 미치는가?

당신이 불현듯 불안을 느끼기 시작했거나 자신에 대해 회의를 느끼고 있다고 하자. 이 상황에서 큰 그림이란 무엇일까? 그 환경 속에 있던 다른 요소들을 알아차리게 될 때, 당신은 그 안의 관계들을 제대로 보기 시작한다. 자신 안에서 어떻게 느끼는지를 보면서 한편으로 밖에서 무슨 일이 일어나고 있는지 그리고 이 두 가지가 만날 때 무슨 느낌일지를 지켜보는 것. 이것이 보다 완전하고 멋진 그림을 지켜보는 일이다.

집 주변을 산책하는데 여전히 걱정과 불안을 느끼고 있다고 해 보자. 그때 근처에 사는 누군가를 봤다. 아직 진짜로 마주치지는 않았지만 인사를 하고 지나갈지, 고개를 푹 숙이고 모르는 체하고 지나갈지 망설이고 있다고 하자. 만일 고개를 들고 그 이웃의 상냥한 미소를 본다면

---

10) 대상을 멀리서부터 찍어 넓은 범위를 찍는 사진 기법.

갑작스러운 행복과 확신을 느끼게 될 것이다. 그러면 그날은 이전보다 더 환한 것 같고, 당신이 만나는 이웃 사람에게 주저 없이 안부 인사를 할 것이다. 이러한 순간 친절과 신뢰가 당신이 사는 집 주변에 약간 더 널리 퍼질 것이다. 그리고 조금씩 점점 더 친절함과 신뢰의 영역이 넓어지고 사람들의 삶에 수 년 간 영향을 미치게 될 수도 있다. 큰 그림은 한순간 또는 한 사람처럼 오로지 한 가지 대상에 대한 것이 아니다. 큰 그림은 당신과 당신의 세계가 함께 존재한다는 것을 이해하는 것이며, 하나의 사건이 한곳에서(혹은 당신의 마음이나 가슴에서) 일어날 때, 일어남과 동시에 그 여파가 다른 사람이나 다른 것들에 영향을 반드시 미친다는 것을 이해하는 것이다.

내면세계와 외부 세계의 관계를 보다 명확하게 볼 수 있다면, 이 관계의 패턴을 훨씬 더 잘 보게 될 것이다. 그리고 이러한 패턴들을 알아차리며 관찰할 때, 당신은 부정적이거나 긍정적인 사건들의 연쇄 반응을 일으킬 수 있는 원인(자극)들을 이해하기 시작할 것이다. 현상을 이러한 방식을 통해 정확하게 바라볼 수 있다면, 쉽사리 속지 않을 것이다. 현재 일어나고 있는 일에 대해 보다 능수능란하게 대처할 수 있을 것이다. 질투, 자만, 어리석은 목소리들이 머릿속에서 웽웽거린다 하더라도 이 때문에 갈 길을 잃어버리는 일은 없다. 그보다는 다른 사람들의 목소리를 더 듣고자 하는 경향을 띠게 될 것이며, 당신의 고집스러운 생각에만 끈질지게 달라붙지도 않게 될 것이다.

의식의 초점을 찾아라

감정 구출 계획의 '명확하게 바라보기'라는 두 번째 단계에서는 바로 앞에서 일어나는 공포 또는 분노와 같은 감정을 바라보도록 노력한다. 어떠한 왜곡도 없이 바라보아야 한다. 그리고 무엇이 그 감정을 촉발시켰는지도 알아내야 한다. 또한 어느 장소와 환경에서 이 감정이 주로 일어나는지, 가족과의 저녁 식사 자리인지, 직장에서 어떤 사람과 일을 할 때인지 또는 주의를 흩뜨릴 어떠한 요소도 없이 혼자 있는데도 그러는 것인지 잘 살펴야 한다.

당신은 어쩌면 자신의 감정에 대해서 잘(혹은 너무나 잘) 알고 있다고 자신할지도 모르겠다. 그러나 한 걸음 물러서서 다시 살펴본다면, 감정들이 사뭇 다르게 보일 수 있다. 보통 우리는 감정과 지나치게 딱 달라붙어 있어서 감정과 우리 자신이 완전히 하나가 되며, 감정에 대한 모든 생각이 우리가 되어 버린다. 이렇게 되면 조화와 제대로 된 판단력을 잃을 수 있다. 이는 친구와 아주 오랫동안 예민한 주제에 대해 대화를 나누는 와중에도, 머릿속에는 당신을 화나게 한 한마디가 맴돌고 있는 것과 마찬가지다. 이렇게 되면 그 단 하나의 감정 외의 풍부한 감정의 스펙트럼은 몽땅 사라진다. 이것이 '명확하게 바라보기'와 정반대편에서 일어날 일이다.

대조하거나 참조할 만한 대상이 없는 것에 너무 가까이 있으면 이렇게 속기 쉽다. 물론 작고 세밀한 수준에 초점을 맞추는 것은 마치 1960년대 미국 팝아트에서 만화를 확대경으로 크게 확대시켜, 그림을 이루는 미세한 점들을 들여다보는 일처럼 흥미롭고 교육적이기도 하다. 그러나 그 세밀함에서 멈춰서는 안 된다. 무엇이 진짜로 일어나고 있는지 제대로 살피기 위해서는 뒤로 물러나 거리를 두고 그림 전체를 봐야 한다.

그림 전체가 보다 선명하게 들어오면, 괴로움, 희망과 공포뿐만 아니라 그 순간 감정으로 인해 겪는 다른 이들의 감정과 그들이 그 순간 필요로 하는 것들까지 눈에 들어온다. 종국에는 더 멀리도 볼 수 있다. 즉, 과거에 감정 때문에 일어났던 일들이 비슷한 방식으로 지금 다시 일어난다는 것을 그리고 그것이 똑같은 괴로운 지점으로 우리를 이끈다는 것도 볼 수 있다.

감정의 프로파일을 만들자

'명확하게 바라보기'를 연습하면서, 우리는 우리가 감정적으로 어떤 사람인지에 대한 그림을 점점 더 잘 그릴 수 있다. 이 지점까지 가기 위해 우선적으로 해야 할 것은 감정의 패턴에 대해 생각하는 것이다. 어떤 감정들이 계속 다시 나와서 하루가 멀다 하고 나를 괴롭히는가? 그다음으로, 어떤 감정들이 가장 강력하고 함께하기 힘든지를 생각한다. 그리고 나서 그 감정들이 어떠한 면에서 다루기 힘든 것인지 명확하게 판별한다.

어떠한 감정들이 가장 강력하고 문제를 일으키는지 안다면-당신을 때린다든가 두드린다든가(몸), 소리를 친다든가 고함을 지른다든가(말), 자신이나 다른 사람들을 해치려고 생각한다든가(뜻) 하는 파괴적인 행동으로 치닫게 하는 특정한 감정들이 있다면- 사전에 조심해야 한다. 어떠한 감정도 문제를 일으키지 않는다면 좋겠지만 만일 그런 파괴적인 행동 유형을 유발하는 감정이 있다면, 감정과 긍정적으로 소통하는 (함께하는) 첫 단계로, 그 감정을 바라보고 인지하라. 대부분의 사람들처럼 당신 역시 특정한 조건에서 느끼는, 같이하기 힘든 두세 가지 감정과 힘겨루기를 하고 있을 수 있다.

자신의 감정을 돌아보는 데 시간을 들이는 것은 중요한 일이다. 감정이란 무엇인지, 이 감정들이 모든 이들에게 어떻게 작용하는지 등에 대한 보편적인 설명은 만족스럽지 않다. 이 지점에서 일반화란 의미 없는 것이다. 당신이 경험하는 모든 것은 특별하다. 진정한 긍정적 변화는 경험의 심연으로 뛰어 들어가 표층 의식에 떠다니는 단어와 개념들의 간섭을 받지 않는 것이다.

과제물을 제출하는 거라면 감정에 대한 광범위한 이론도 괜찮다. 그 과제물로 합격점을 받을 수도 있다. 그러나 만일 자신을 괴롭히는 감정들로부터 자신을 자유롭게 하고자 한다면, 기본 이론을 아는 것은 그다지 도움이 되지 않을 것이다. 감정들과 개인적인 관계를 맺어야 한다.

감정들과 관계를 발전시키는 것은 다른 사람들과의 관계를 발전시키는 것과 많이 비슷하다. 이를 위해서는 솔직할 필요가 있다. 오랜 친구를 마주하든, 새로운 사람과의 가능성들을 찾아내고자 하든, 우선적으로 필요한 것은 상대방을 명확하게 바라볼 줄 아는 것이다. 그들의 특징은 무엇인가? 습관적인 패턴은 무엇인가? 당신과의 관계는 어떻게 돌아가는가? 어떤 것이든 해결하려면 그 상대방에 대해 잘 알아야 하며, 그 관계를 있는 그대로 살펴보아야 한다.

감정이 그 대상이라면 일이 약간 더 복잡해질 수 있다. 이는 우리가 가려 낸 하나의 감정과의 일대일 관계가 아니기 때문이다. 우리 안에는 너무나 많은 감정들과, 감정들로부터 따로 떼어 놓지 못하는 감정의 그늘들이 있다.

'오늘 내가 화가 났나? 짜증이 났나? 아니면 슬픈가? 그것도 아니면 친구가 다시 자기 뜻대로 밀어붙여서 질투하고 있는 건가?'

감정을 지속적으로 탐구하면, 종국에는 모든 종류의 감정을 잘 파악할 수 있을 것이다. 그러면 개개의 감정이 당신에게 어떤 것인지 잘 볼 수 있다. 예를 들어, 어떤 감정이 당신에게 어떠한 독특한 방식으로 일어나는지, 몸 어디에서 그 감정을 느끼는지, 머릿속으로 그 감정을 따라가면 이 감정은 어디로 향하는지 등을 알 수 있다. 이러한 올바른 앎이 없다면, 감정적으로 격앙되어 있을 때 자신이나 남을 비난하고 당신을 걱정해 주는 사람들을 내모는 등 당신이 생각하고 내뱉고 저지르는 감정에 대한 고통스러운 반응 패턴을 반복하는 데서 해방될 수 없다.

어느 한 감정을 가지고 '명확하게 바라보기'를 연습할 때는 어떠한 것도 넘겨짚거나 당연한 것으로 받아들이지 않아야 한다. 필요한 것은 오직 그 상황을 관찰하는 것이다. 그 상황을 초래한 요소들을 가능한 한 최대한 파악하려고 노력한다. 그러고 나서 그 상황을 성찰한다. 성찰한다 함은 '왜?'라는 질문을 던지고 설명하거나 정당화할 방법을 찾으라는 뜻이 아니다. 그보다는 호기심에서 비롯한 탐구와 비슷한 것이다. 당신은 그것이 알고 싶다. 사실 확인, 즉 팩트 체크fact check에 돌입한다.

"방금 무슨 일이 일어난 거지? 어떻게 이렇게 강한 화가 일어난 거지? 난 저기 서서 그냥 휴대 전화를 가지고 놀고 있었는데 애인이 내게 그런 표정을 지었지. 그 표정이 뭘 뜻하는지 알아. 불만이 있는 거야! 그러고 나서 나는 생각하기 시작했지. '내가 방금 뭘 어쨌는데? 어휴~ 또 시작이야.'"

어떤 결론을 내리려고 서두를 필요 없다. 안정을 취한 뒤 큰 그림을 그려 볼 수 있도록 자신에게 충분한 시간을 준다. 모든 것이 순식간에 끝났을 수도 있다. 그러나 만일 어떻게 하면 서로 마음을 상하게 하고 상대방에게 더 모욕을 주고 상대방을 더 화나게 할 수 있을까를 생각하기 시작하면, 상처와 내적 갈등은 계속될 것이다.

숨기고 싶은 감정

만일 끊임없이 짜증이 나거나 날이 서 있거나 멍하니 있다면, 아마도 당신은 자신이 그렇다는 사실을 잘 인식하고 있을 것이다. 이러한 감정들은 당신을 포함해 모든 사람이 알아챌 수 있는 것이다. 보다 쉽게 놓칠 수 있는 것은 미세하고 억눌려 있고 숨겨진 감정이다. 이들은 일상의 의식 아래서 작동하고 있다. 가끔 이러한 감정들은 당신의 이목을 끄는 감정들보다 훨씬 더 위험하다. 이 감정들은 해수면 아래, 해변에서 바다 쪽으로 세차게 흐르며 해변에서 수영하던 사람들을 바다 쪽으로 휩쓸어 가는 이안류와 비슷하다.

감정에 의한 어떠한 극적인 일도 일어나지 않을 때, 감정의 구속에서 벗어나 자유로움을 느낄 수 있다. 감정에 휩쓸려 가지 않는다. 아무한테도 소리치지 않았고 누구하고도 갈라서지 않았다. 사실 기분이 좋다. 그러나 이러한 시간 속에도 당신의 일상에 간접적으로 영향을 미치는 잠재적인 감정이 여전히 존재한다. 왜 그런지는 모르지만, 웬일인지 완전히 마음 편하게 있을 수가 없다. 무엇인가 뒤에서 당신을 괴롭히고 있다. 정체는 모호하지만 이 숨은 감정이 당신이 세상을 보고, 느끼고, 생각하는 방식을 조정하고 있을 수 있다. 그 영향 정도는 개인의 역사와 감정의 패턴에 따라 다를 것이다.

당신의 표면 의식 아래로 끊임없이 흐르는 숨은 감정들과 더불어, 이 숨은 감정들과 함께 흐르는 스치는 생각의 흐름이 있다. 평온할 때조차 늘 도사리며 걱정과 두려움을 살리는 이 목소리들은 작아서 거의 들리지 않는다. 그러나 이 두 생각과 감정의 흐름이 합쳐져 자연의 강력하고 예측 가능한 힘을 일으킬 수도 있다. 돌발적으로 생기는 거대한 파도처럼, 이들은 나오리라고 생각도 못 할 때 갑자기 튀어나와 대재앙과 소란을 일으킬 수 있다. 이 생각과 감정의 잠재적 저변에 흐르는 기류가 무엇이라고 꼭 집어 말하기는 힘들지만, 이들이 존재한다는 것을 아는 것이 중요하다. 그렇게 되면 이들과 소통할 수 있는 표면으로 이들을 천천히 꺼내 올 수 있을 것이다.

감정을 자극하는 것과
감정 분출의 양상 알아차리기

다양한 감정 상태를 경험하면서 당신이 어떻게 행동하고 어떻게 반응하는지를 한동안 알아차리고 관찰하며 시간을 보낸 뒤, 감정이 일어나는 양상들을 바라보기 시작한다. 그러면 '화를 내는 나는, 질투하는 나는, 욕심에 가득 찬 나는 이러하다.' 등등을 깨달을 수 있을 것이다. 이 시점에 이르면, 감정의 기질에 대한 꽤 유용한 스냅 샷을 건질 수 있을 것이다. 감정의 습관적 표출의 지배하에 있는 자신에 대한 이 신선한 모습이 당신의 습관적 행동 어느 시점에서 도움을 요청해야 할지, 출구를 찾아야 할지 보여 줄 것이다.

이 지점에서 중요한 것은 당신의 반응에 이바지하는 또 다른 어떤 것이 당신의 언저리에 있는지 알아차리는 것이다. 감정의 더 깊은 원인들이 무엇인지가 늘 명확한 것은 아니지만, 일반적으로 감정 에너지의 급작스러운 분출을 조장하는 보다 직접적인 상황들을 알아낼 수는 있다. 일반적으로 당신에게 어떠한 형태로든 작용하는 환경적 또는 사회적 조건이 있던가? 무엇이 당신을 불편하게 하는가? 무엇이 당신을 진정시키는가? 무엇이 당신을 잠들게 하고, 무엇이 당신을 깨우는가?

어느 날 오후 당신과 친구가 당신이 즐겨 찾는 해변으로 간다고 하자. 태양은 빛나며, 완벽한 날이다. 이 평화로운 자연 속에서 당신은 친구와 함께 시간을 보낼 것을 기대하고 있다. 그러나 해변에 도착해 보니 놀러 온 가족들, 달리는 사람들, 맨 몸으로 파도를 타는 보디 보더들, 일광욕을 즐기러 온 사람들로 득시글하다. 느긋하게 즐기는 대신 조급해지기 시작했다. 태양은 너무 뜨겁고, 물은 너무 차다는 것을 단박에 알아차렸다. 그곳을 떠나고 싶지만, 친구는 괜찮다며 머무르고 싶어 한다. 불평을 해 보지만 별 반응이 없다. 그러자 당신은 친구더러 고집불통이라며 ("네가 늘 그렇지 뭐…") 비난하기 시작하고 친구 역시 당신이 자기 마음대로 하는 방법을 찾을 때는 얼마나 머리가 좋은지 모른다며 맞받아친다. 축하한다! 당신은 자신과 친구 그리고 주변에서 당신들의 말싸움을 들은 주위 사람들의 하루를 망쳐 놓았다.

이 시나리오에서, 약간의 마음챙김 수행이 그 결과를 바꿀 수 있다. 불만이 이제 막 일어나기 시작했을 때, 그 불만을 인식하고 무엇이 그 불만을 촉발시키는지 살펴볼 수 있다면 '명확하게 바라보기'를 수행하는 데 성공한 것이다. 이러한 종류의 통찰력이 당신이 현실을 제대로 보지 못하거나, 도를 지나치거나 막다른 벽에 부딪히는 것을 막아 줄 수 있다.

일반적으로 우리는 이러한 파노라마처럼 폭 넓은 시야를 가지고 움직이지 않는다. 상황이 삐거덕거리기 시작하면 깊은 호흡을 하면서 주변의 상황을 살피는 대신에 무엇인가 당장 움켜쥘 것을 찾으려고 한다. 당신의 에너지를 붙들어 매거나 그 에너지가 분명하게 한곳에 집중되기를 바란다. 종종 당신을 불쾌하게 만드는 자신이나 다른 사람 혹은 사물에 주의를 집중시키곤 한다. 그 스포트라이트가 자신의 어지러운 마음에 떨어진다면 그리고 만일 그것에 주의를 기울여 조심하지 않는다면, 그 오래된 감정의 패턴에 다시 기대게 될 것이다. 신랄한 자기비판으로 자신을 괴롭히고 자신이 얼마나 상처와 모욕을 받았는지, 화가 났는지에 대해 불평할 것이다. 그 반응 패턴이 어떠하든 간에, 이는 모두 '나'에게 일어나는 것이며, '내'가 그 공간의 중심인물이 되는 것이다. 이외의 모든 것은 배경이 되어 희미해질 것이다.

스포트라이트는 또한 당신의 감정의 대상에 떨어질 수도 있다. 당신이 화가 난 대상이 사람이라면, 예를 들어 결함이 있는 중고차를 속여 팔아먹은 자동차 딜러에게 화가 나 있다면, 그가 보여 준 문제 행동에 대해 분노를 느끼는 것은 합당하다. 그러나 이 순간 당신이 마음챙김의 힘을 잃고 그 분노의 감정에 사로잡혀 있다면, 이 한 사람에게 집중되어 있는 편협한 의식이 집착이 될 것이다. 당신의 마음은 떨쳐낼 수 없는 반복되는 생각과 감정의 패턴에 사로잡힐 것이다. 이렇게 되면 큰일 난 것이다. 그 주목의 대상이 늘 사람인 것은 아니다. 최신형 컴퓨

터나 몸무게 20킬로 줄이기, 당신이 지지하는 당이 국회에서 이기는 것 등 사물이나 생각에도 과도하게 집착할 수 있다.

느긋하게, 자유롭게

큰 그림을 보지 못한 채 좁은 시야에 과도하게 집착하게 되면 어떤 일이 일어날까? 비난의 악순환에 떨어지게 된다. 비난은 절대 좋은 판단, 행복 또는 지혜를 낳지 않는다. 더 많은 혼란, 고통 그리고 당신을 옥죄는 방법들을 증가시킬 뿐이다. 여기에 빠져들면 빠져들수록 자유는 요원해진다.

반대로 가끔 당신은 전혀 집중할 수 없는 것 같기도 하다. 마음은 영원히 움직이는 카메라와 같다. 어느 한곳에 주의를 집중하려고 하면 금세 현기증을 느끼게 된다. 그러나 연습을 통해 보다 안정적으로 주의를 집중할 수 있다. 완전한 그림을 보는 것이 점점 쉬워져서 심지어는 매우 정신적으로 극한의 상황에서도 할 수 있게 될 것이다.

'명확하게 바라보기'의 경험은 감정의 내면세계와 바깥 세계 사이의 연결 고리를 보여 줄 수 있다. '명확하게 바라보기'는 자신의 습관적 성향 또는 외적인 사건들이 당신을 힘들게 할 때에도 당신이 무력한 존재가 아니라는 것을 알려 준다. 지금까지 갑자기 일어난 감정을 감당하지 못해 어찌할 바를 모르고 안절부절못하는 자신을 보아 왔다면, 이제는 자신의 감정이 어디서 촉발될지, 어느 순간에 그 감정을 일으킬지 예측할 수 있다. 언제 감정에 대한 마음챙김을 놓치는지, 언제 강렬한 감정이 자신을 압도하는지 미리 알아차릴 수 있다. 이 지점에 이르면 감정이 그 지점에 이르는 횟수가 점차 줄어들고 있을 것이다. 만약 깜빡 자신을 놓쳤다고 느낀다면, 무엇을 해야 할지 상기하고 실천한다. 당신이 자신을 놓치곤 하던 그 상황들이 당신에게 다시 힘을 주는 상황들로 바뀔 것이다.

나 자신에게
물어보기

내 감정은 어떤 패턴을 따르고 있나?

다음과 같은 질문들을 사용해 문제를 일으키는 감정들에 대한 스냅 샷을 찍을 수 있다. 그러면 감정 전체에 대한 그림을 그릴 수 있다. 당장 관심을 기울여야 할 감정들과 나중에 처리해도 될 감정들을 구분할 수 있을 때, 어디에 노력을 더 쏟아야 할지 쉽게 이해할 수 있을 것이다.

당신이 알고자 하는 감정에 대해 평가할 때는 다음 질문 항목에 있는 〈감정〉을 당신이 평가할 감정으로 바꾸어 물어보면 된다.

▶ 나는 얼마나 자주 〈화〉를 내는가? 하루에 한 번? 일주일에 한 번?

▶ 〈화〉가 났을 때, 내가 스스로에게 하는 이야기는 무엇인가? 예〉 "나는 화가 났다. 왜냐하면…"

▶ 〈화〉가 났을 때, 그 〈화〉는 내가 즉각적이고 직접적으로 경험할 수 있는 명백한 것인가? 아니면 뒷마당에 도사리고 있다가 슬그머니 기어오르는 유형인가?

▶ 만일 그 〈화〉가 세다면, 처음 시작할 때에는 약하다가 점차 강해지

는 유형인가? 아니면 처음부터 너무 강렬해서 내가 무엇을 어찌해

볼 수 없는 유형인가?

▶ 보통 내 〈화〉는 얼마나 오래 지속되는가? 그 감정을 다룰 수 있는

가? 내가 원할 때 진정할 수 있는가? 아니면 불청객처럼 너무 오

래 버티고 있는가?

▶ 내 〈화〉는 다른 감정들과 같은 유형을 따르는가?

간단하고 솔직한 관찰을 통해 이러한 질문들에 대부분 답할 수 있을

것이다. 답을 채워 나가면서 처음 드는 생각을 급히 기록하거나 재빨리

'그린다'. 후에 대답들을 다시 살펴보라. 그때 이러한 질문을 해 보라.

"이 대답들은 지금도 맞는 답인가?"

조금 더 생각해 본 뒤 추가 사항을 쓴다. 예를 들어, 한 질문에 대답하

는 데 하루를 써서 "내가 어떻게 해서 화가 났지?"에 답하고 다음 날

에는 그 감정에 딸려 오는 '이야기'에 집중한다.

5

렛고…
내려놓아라

—

내가 생각하는 나를 내려놓았을 때,
나는 무엇이든 될 수 있다.

_노자(철학자, B.C. 604?~531)

진정 고통스러운 감정들에서 벗어나기를 바란다면, 기꺼이 그 감정들에 작별 키스를 해야 한다. 그러나 그렇게 하기 전에, 이 감정들의 날카로운 날과 강렬한 에너지들을 직시해야 한다. 그들이 무엇인지 잘 알아야 한다. 그렇지 않으면 무엇을 내려놓아야 할지 어떻게 알겠는가?

감정 구출 계획의 세 번째 단계는 이미 알고 있듯이 '내려놓기'이다. 이 단계는 지금까지 수련해 온 두 단계의 결과인, 그 다음 논리적 단계이다. 당신은 '알아차리며 거리 두기'와 '명확하게 바라보기' 수련을 통해 이미 아주 많은 부분을 성취했다. 당신은 지금까지 강렬한 감정 에너지를 다루는 다양한 방법들을 배워 왔다. 당신과 당신을 쥐고 흔들 충분한 힘을 지닌 감정 사이에 거리를 만드는 방법을 알고 있으며, 습관적으로 저지르면서도 그 순간 후회할 오래된 '나쁜' 습관들을 일으키는 감정 촉발 장치를 파악할 방법을 배워 왔고, 지금도 배우고 있다. 이러한 기술들을 배우는 것이 감정들을 바라보는 당신의 시각을 바꾸어 놓았다. '알아차리며 거리 두기'와 '명확하게 바라보기'가 구태의연한 어둡고 고통스러운 곳에서 당신을 구해 줄 수 있다는 것을 이제 당신은 알고 있다. 이 두 방법은 연기와 불길을 뚫고 가장 빨리 탈출할 수 있는 길을 열어 줄 것이다.

이제 당신은 감정의 오래된 행동 양식에 연료를 대주던 에너지와 직접적으로 소통할 준비가 되었다. "내보내기 위해서는 우선 안으로 들여야 한다."라는 속담이 있다. "안으로 들이는 것"은 '알아차리며 거리 두기'를 통해 할 수 있는 것이다. 이 '알아차리며 거리 두기'는 '명확하게 바라보기'를 수련할 수 있도록 해 주며, '명확하게 바라보기'는 '내려놓기'를 할 수 있는 힘을 준다. 그렇다고 해서 당신이 감정들을 그저 돌아보고, 놓아 준 다음 작별 인사를 하는 것은 아니다. 그 대신 진짜로 앞으로 전진하며, 보다 쉽게 호흡하고, 진정한 휴식을 찾는 것이다. 그러나 무엇을 '내려놓아야' 하는가? 그리고 '내려놓기'가 감정을 거부하거나 지워 버리려고 애써 노력하는 것과 어떻게 다를까?

'내려놓기'는 당신에게 불안과 슬픔을 조장하는 감정들, 이러한 부정적인 감정들을 놓아 주는 것이라고 할 수 있다. 다른 한편으로 이는 이러한 강렬한 감정들을 멈추거나 숨기거나 바꿔 보려고 애쓰는 습관적인 반응 양식을 내려놓는다는 뜻이다. 만일 당신이 감정을 창의적인 에너지로 바라볼 준비가 되어 있으며, 기꺼이 그렇게 인식하겠다고 한다면, '내려놓기'란 단지 얽혀 있는 감정 에너지의 매듭을 풀어 놓는 과정일 뿐이다. 당신의 습관적인 행동 반응이 분출하려는 감정 에너지를 꼭 틀어막고 붙잡고 놓아 주지 않다가 올바르지 않은 방식으로 그 에너지를 써보려고 할 때, 그 에너지는 얽혀 버린다. 당신이 화가 나 있을 때, 예를 들어 지금까지 해 오던 방식대로 그 화를 억제하려고 노력해 볼 수 있다. 단순히 그 분노의 에너지가 들어오고 나가도록 놔둘 수도 있다. 그저 자유롭게 움직일 에너지를 세게 쥐면 쥘수록, 이리저리 뒤틀면 뒤틀수록 에너지를 옭아매는 매듭은 더 세질 것이며 불안과 스트레스가 더욱더 몸과 마음을 지배하게 될 것이다.

'내려놓기'라는 세 번째 단계는 당신의 감정을 육체적으로 그리고 정신적으로 경험하는 방식을 면밀히 주시하는 것이다. 감정에 더 주의를 기울이고 그 감정에 대해 더 깨어 있을 수 있다면 이 묶여 있던 에너지를 풀어 줄 수 있는 더 강력한 힘을 가지게 될 것이다. 따라서 '내려놓기'는 감정을 거부하는 것과는 정반대의 행동이 된다. 이는 사실상 어떠한 방해도 받지 않을 때 그들 자신의 흐름을 따라 움직이는 본 모습 그대로의, 풋풋하고 창의적인 감정 에너지가 당신의 삶 속으로 들어오도록 즐거이 받아들이기 시작하는 것이다. 모든 것이 활짝 열린 채로 그

105

모든 가능성을 보여 줄 때, 잠재력이 터져 나올 것이다. 그러고 나면 당신은 다음 숨을 들이쉴 수 있을 것이다.

동기 부여

'이런 부정적인 감정들을 놓아 줄 거야. 진짜로!'라고 생각하기는 쉽지만 실천에 옮기기란 쉽지 않다. 진심으로 결단을 내리지 않으면 그렇게 될 리 없다. 그러므로 당신의 감정들과 연관 짓던 신경과민적인 방식이 얼마나 위험한가를 떠올리는 것이 도움이 될 수 있다. 그러한 방식이 당신의 삶에 영향을 끼치고 다른 이들의 삶에 상처를 주었다는 것역시 기억하라.

화에 삼켜졌을 때 일어나는 위험은 무엇인가? 화는 불과 같다. 화는당신의 좋은 자질을 불태워 버린다. 그 좋은 면들을 한순간에 삼켜 버린다. 열 받았을 때, 속이 끓어오를 때, 화에 휩싸여 있을 때, 당신은 스스로도 알아보지 못할 어떤 존재로 바뀔 위험을 안고 있는 것이다. 평정심을 잃고 평상시라면 꿈에서도 절대 하지 않을 것들을 저지르거나 내뱉는다. 당신이 공격적일 때에는 어느 누구도 당신의 아름다움을 보지못한다. 당신의 좋은 옷, 멋진 장비 그리고 유행에 뒤지지 않는 화장을어느 누구도 보지 못한다. 순식간에 어떤 것도 의미가 없어진다. 당신의아름다운 용모뿐 아니라 내면의 아름다움과 선한 마음 역시 잃게 된다.

모든 감정 가운데 화가 가장 파괴적이다. 그러나 하나하나의 감정 역시 저마다의 방식으로 고난과 투쟁을 불러온다. 탐욕을 부리면, 허기가 우리가 절실히 바라는 '즐길 수 있는 힘'을 도둑질해 간다. 질투를 하게 되면 우리는 약간 과대망상에 빠져, 누가 됐든 무조건 그 '경쟁'에서 이겨 보려고 기를 쓴다. 다른 사람들의 재능을 부러워하고 경쟁자들의 성공에 분노한다. 우리가 자만심에 부풀어 있을 때는 남들이 하찮아 보인다. 경쟁에서 우위를 차지하고 있다고 느끼며 오로지 자기만 생각하게 되며, 거의 알아채지도 못하는 우리 '밑'에 있는 아랫것들을 도울 생각도 하지 않는다. 이러한 마음 상태는 잠시 우리를 사로잡을 수 있다. 또는 우리가 입는 옷이나 운전하는 차처럼 우리 개인의 특징이 될 수도 있다. 그리고 한 가지 감정이 순전히 부정적이지 않을지는 몰라도, 이 감정이 연쇄 반응을 일으킬 다른 감정들을 촉발시킬 수 있다.

우리를 불편하게 만드는 감정의 위험성을 아주 깊은 사적인 수준까지 이해하게 될 때, 뭔가 새로운 시도를 해 볼 마음이 들지 모른다. 즉, 이러한 감정들을 붙들고 있는 대신에 놓아 주는 것 말이다. 이 결과에 만족하지 않는다면, 언제든 이전의 신경증적인 습관들로 다시 돌아갈 수 있다. 그 습관들은 틀림없이 아직 거기에 있을 것이다. 그들을 하룻밤 새에 잃을까 봐 걱정할 필요 없다.

이 과격한 '내려놓기'라는 아이디어를 작고 단단한 방식으로 실험해 볼 수 있다. 당신이 늘 똑같은 일을 한다면, 즉 레스토랑에 가면 햄버거만

주문한다거나 액션 영화만 보러 간다거나 핸드폰 없이는 집을 나서지 않는다면, 다른 것을 해 보라. 치미창가[11]를 주문한다거나, 연극을 보러 간다거나, 외출할 때 핸드폰을 집에 두고 나가 보라. 그리고 어떻게 느끼는지 살펴보라. 이러한 작은 시도가 당신을 홀가분하게 해 줄 수도 있다.

마찬가지로 당신의 모든 본능이 당신에게 어떤 감정을 옭아매고 있어야 한다고 말할 때, 최소한 그 감정을 내려놓으려는 시도는 할 수 있다. 그 감정을 내려놓은 뒤 당신이 어떻게 느끼는지 살펴보라. 자신에게 이렇게 말해 보라. 어떤 편견 없이 시도라도 해 보자.

'다음에 평정심을 잃으면 감정 구출 계획을 기억할 거야. 알아차리며 거리 두기를, 그다음으로 명확하게 바라보기를 수행할 거야. 그러고 나서, 긴장을 풀고 내려놓기(놓아 주기)를 시작해야지.'

이러한 말을 스스로에게 하는 것은 좋은 출발점이다. 그러나 부정적인 감정을 당장 모두 내려놓을 수 없다는 것도 명심하자. 부정적인 감정들을 일순간에 풀어낼 수 있기를 기대한다면 실망하게 될 것이다. 그런 일은 절대 일어나지 않을 것이기 때문이다. 그러나 나쁜 소식만 있는 것은 아니다. 단박에 원하는 목표에 도달할 수는 없어도 단계적으로는 성취할 수 있다는 좋은 소식도 있다.

당신이 처음으로 화와 같은 파괴적인 감정을 내려놓으려고 시도했을 때, 그 화 에너지의 일부분쯤은 풀어 줄 수 있을 것이다. 다음 기회가

---

11) 멕시코 요리 가운데 하나로, 또띠아에 다양한 재료를 넣고 튀긴 음식.

오면 조금 더 놓아 줄 수 있을 것이다. 세 번째로 시도할 때에는 남은 것들을 조금 더 풀어 줄 수 있을 것이다. 화를 내려놓을 때마다 남아 있는 에너지 역시 점점 강도가 덜할 것이다. 그리고 매번 그 감정이 다시 돌아온다 하더라도 전보다는 강도가 덜할 것이다. 즉, 보다 덜 위압적이고 덜 어려울 것이다. 이 세 번째 단계를 적용함에 따라 시간이 지나면서 반발이 바람 빠진 풍선처럼 약해질 것이며, 그 감정은 보다 더 당신과 소통할 수 있을 것이다. 이 상태가 바람직하고 성취 가능한 목표다.

그러나 얼마 뒤 아무리 내려놓으려고 애를 써도 화의 잔재가 남아 있을 것이다. 이 단계에서, 당신에게 남아 있는 감정 에너지는 빈 향수병에 여전히 남아 있는 향과 같은 것이다. 마찬가지로 어떤 감정이 사실상 사라졌다 하더라도, 그 감정 에너지의 징조는 기본 성향의 형태로 조금 더 오래 머물 수 있다. 커피를 마시거나 담배를 피우는 것과 마찬가지다. 원해서 마시거나 피우는 단계를 넘어서면, 끊는다 하더라도 습관적으로 커피를 마시거나 담배를 피우고 싶은 충동 혹은 욕망의 불꽃이 일어날 때가 있다.

부정적인 감정들을 놓아 주는 것은 두 단계를 거쳐 일어난다. 첫 번째 단계에서 당신은 점차로 한 감정의 가장 두드러지는 에너지를 풀어놓는다. 이 단계에 능숙해지면, 보다 섬세한 단계의 놓아 주기를 연습할 수 있다. 이를 통해 잔향마저 사라지게 된다. 이 과정은 시간과 노력이 필요하다. 그러나 이 과정을 통해 부정적인 감정들의 직접적인 고통뿐만 아니라 당신을 괴롭히는 잠재적인 에너지의 흐름에서 자유로워질 수 있을 것이다.

내려놓기(렛고):
보고, 듣고, 냄새 맡고, 맛보고, 만져 보기

감정 구출 계획의 세 번째 단계인 '내려놓기'는 현재의 순간에 충실하면서 이전 단계들에서 했던 것처럼 관찰에서 시작한다. 방에 앉아 있든, 쇼핑몰에 있든 간에 '지금 이 순간'의 감각이 있다. 만일 마음이 이리저리 떠돌아다니거나, 과거나 미래로의 시간 여행을 한다거나, 백일몽을 꾸고 있다면, 땅으로 다시 돌아올 시간이다. 당신의 주의를 현재의 시간과 장소로 되돌린다.

그러고 나서 감정의 존재를 알아차리자마자, 강한 느낌과 치닫는 생각들에 의식을 집중하지 말고 당신을 둘러싸고 있는 세계에 의식을 집중한다. 이는 감각들에 입력되고 있는 것이 무엇인지로 의식의 대상을 바꿈으로써 가능하다.

스스로에게 이렇게 물어보라. 내 눈이 보고 있는 것은 무엇인가? 내 귀가 듣고 있는 것은? 내가 맛보거나 냄새 맡고 있는 것은? 내가 느끼는 몸의 감각들은 무엇인가? 산들바람의 상쾌함, 태양의 따스함 혹은 앉아 있는 의자의 푹신함이나 딱딱함을 잠시 느껴 본다.

그 경험과 연결시키는 것만으로도 충분하다. 어떠한 경험도 더하지 않은 채로, 소리라던가 시각 대상과 같은 단 하나의 감각 대상에만 잠시 집중한다. 이것만 하면 된다. 그 대상에 대해 생각하거나 이름을 붙이거나 판단하지 말라. 한 생각이 떠오르는 것은 괜찮지만, 그 생각을 쫓아가는 것은 안 된다. 그 생각을 놓아 주고 간단한 초점의 대상으로 의식을 옮긴다.

이 내려놓기는 탐사 보고와 많이 비슷하다. 당신이 훌륭한 저널리스트라면, 단지 그 상황을 관찰하고 나서 그에 대해서 기술한다. 이때, 그 이야기에 간섭하지 않는다. 상황을 이끌 질문들은 삼간다. 당신이 이미 알고 있는 것을 재확인할 만한 대답을 기대하지 않는다. 모든 것을 받아들일 수 있는 열려 있고, 왜곡되지 않은, 깨어 있는 마음을 유지한다. 이것이 이 단계에서 할 일의 전부다. 이것만 하면 된다.

주의를 감각 경험으로 돌릴 때, 두 가지 일이 일어난다. 불안한 마음이 안정되기 시작하며 더 차분해진다. 그와 동시에, 감정 에너지가 격발되기 어려워진다. 이것이 '알아차리며 거리 두기'의 경험을 도와준다. 이것이 바로 당신이 찾아서 처음에 연결하려 했던 것이다. 당신에게 시간을 벌어 줄 수 있고 부정적인 감정이 터져 나와 만개하는 것을 막을 수도 있는 빈 틈gap.

감각 경험과 연결되는 것은 또한 마음이 긴장을 푸는 데 도움을 준다. 즉, 단순히 현재의 순간에 머무는 느낌이 있다. 이는 이러한 면에서 일종의 명상이다. 감각 지각을 이러한 방식으로 사용할 때, 이 감각 지

111

각들은 운전하다 마주치는 도로 한가운데 파인 웅덩이를 지날 때 충격을 흡수해 주는 역할을 한다.[12] 감각은 당신의 감정들이 주는 충격을 일정 정도 흡수해 당신이 많이 힘들어하지 않도록 할 수 있다.

내려놓기(렛고): 몸의 긴장을 풀자

감각 지각과 연결을 맺고 있다면, 다음 과제는 몸과 연결하는 것이다. 하나의 감정에 사로잡혀 있을 때에는, 보통 몸에 대해서는 잊게 된다. 이때 주의를 몸으로서의 나에 집중한다. 몸에 대한 마음챙김은 단순히 몸에 집중을 하는 것이지 과도하게 몸에 대해 생각하는 것이 아니다. 단순히 몸에 흐르는 자신의 감정 에너지를 느낄 수 있도록 놓아 주는 것이다. 단순한 몸의 경험 이상 아무것도 할 필요 없다. 자신에 대해 '오, 내 몸 좋은데?' '왜 이리 흉측할까?' 내지는 건강이나 몸에 대해 가지고 있던 생각을 같이 떠올릴 필요가 없다. 그런 모든 생각, 이름표 그리고 판단을 떨어뜨리고 몸 안에 있다는 것이 어떤 것인지 느끼기만 한다. 그 느낌의 경험에 안주하며 모든 감정의 동요도 가라앉아 긴장을 풀 수 있도록 둔다.

---

12) 미국의 도로 사정은 꽤 좋지 않아서 도로 한가운데 구멍이 있는 것은 흔한 현상이다.

몸과 이렇게 직접적이고 단순하고 비분별적인 방식으로 연결될 때 비로소 편안해질 수 있다. 육체적 안정은 감정들을 보다 명료하게 볼 수 있도록 도와줄뿐 아니라, 강도 높은 감정 에너지를 풀어내는 데에도 도움을 줄 수 있다. 대부분의 시간 동안 우리는 우리 몸 안에 있지 않다. 우리는 이름표의 가면을 뒤집어쓰고, 거울을 볼 때에도 그 가면만 본다. 아름답다, 추하다, 즐겁다, 즐겁지 않다 등등. 이는 개념의 가면, 판단의 가면이다. 우리가 가면을 쓰고 있다는 사실조차 잊고 살기 때문에, 우리는 자신을 겁준다. 어떤 면에서 우리는 그 껍데기(이름표) 뒤에 있는 본 모습을 절대로 보지 않는다. 있는 그대로의, 평상시의 몸의 모습을 보지 않는다. 우리의 생각으로 치장하지 않은, 있는 그대로의 모습을 보지 못한다.

자신을 감싸고 있는 이름표들을 모두 떨어뜨리고 아무런 판단도 하지 않은 채로 그저 바라볼 수 있을 때, 몸에 대한 전혀 새로운 경험을 할 수 있을 것이다. 가면 뒤에 있는 진정한 자신을 볼 수 있을 것이다. 이는 진정한 의미의 평화와 훨씬 더 긍정적인 시각을 가질 수 있는 매우 심오한 통찰이다. 몸과 관련된 이러한 개념들과 불편한 감정들을 가지고 더 이상 당신을 규정짓지 않을 것이며, 이름표와 성급한 규정짓기가 불러오는 혼동을 꿰뚫어볼 수 있을 것이다. 몸에 알아차림 하기를 기억할 수 있다면, 화가 나거나 불안해질 때도 육체에 대한 의식이 그 아찔한 순간에 넘어가지 않도록 그 순간에서 자신을 빼내 줄 것이다.

요가와 수영 같은 운동도 이 연습을 하는 데 도움을 줄 수 있다. 요가는 몸의 에너지 흐름을 향상시키는 데 도움을 주며, 센 감정들 때문에 쌓인 긴장을 완화시켜 줄 수 있다. 이런 운동을 할 수 없다면 조용히 실내에서 혹은 공원을 거닐면서 몸에 집중하는 연습을 할 수 있다. 설거지를 할 때나 텔레비전을 볼 때도 몸에 의식을 알아차림 할 수 있다. 감정의 동요를 내려놓을 필요가 있을 때, 명상 수련이 매우 도움이 될 것이다. 우리는 대부분 명상을 마음의 연습으로 알고 있지만 명상은 육체적 연습이기도 하다. 명상은 호흡과 몸의 자세와 관련이 있다. (명상법에 대한 자세한 안내는 8장을 참고하라.)

운동, 요가, 명상 혹은 잠시 멈춰서 호흡하고 긴장을 푸는 운동 등을 할 때, 중요한 것은 몸과 마음 양쪽의 경험에 마음챙김을 유지하고 의식적으로 깨어 있는 것이다. 몸에 메어 있는 감정 에너지를 푸는 동안, 마음에서 일어나는 경험에 지속적으로 연결되도록 한다. 그렇지 않으면 운동은 그저 당신이 감정들을 외면하도록 도와주는 또 다른 방법일 뿐이다. 이는 감정을 놓아 주는 것이 아니다. 감정을 회피하고 감정과 거리를 두는 방법일 뿐이다. 어떤 것을 내려놓기 위해서는 그것을 붙들고 있을 정도로 가까이 있어야 한다.

내려놓기(렛고): 마음의 긴장을 풀자

다음 단계는 감정을 정신적으로 풀어내는 것이다. 몸을 편안하게 했던 것처럼, 감정 경험을 훌륭한 기자처럼 관찰한다. 한 감정이 당신을 괴롭히고 있다는 것을 알아차렸을 때, 단순히 그것을 확인하고 자신이 그 에너지를 가감 없이 경험할 수 있도록 놓아둔다. 심리학과 신경과학 분야의 최근 연구에 따르면 단순히 감정을 명명하는 행동, 즉 어떤 감정을 '화' '슬픔' '걱정'으로 이름 붙이는 것이 그 감정의 강도를 약화시킨다고 한다. 감정에 이름을 붙이는 것은 그 감정을 더 잘 볼 기회를 준다. 감정의 이름표는 그 상황을 보다 장황하게(복잡하게) 하려는 것이 아니다. 단지 자신에게 그 감정이 무엇인지 말해 주는 것이다. '방금 나는 화가 났어.'

이름 붙이기 위에 무언가를 더하려고 들지 말라. 이름 붙이기 너머로 생각의 나래를 펼치지 않는다('이건 좋은 화야.' '이건 나쁜 화야.' '이 화를 멈춰야 해.' 등등). 주저리주저리 갖다 붙이지 말라는 뜻이다.

그 감정이 무엇인지 확인하면, 그 감정의 자질을 바라보고 그 감정이 어떻게 표현되고 있는지를 살핀다. 그 감정이 '열정'이라고 할 때, 당신은 흥분하고 있는가? 생각이 치닫고 있는가? 열정이 당신에게 어떤 메시지를 보내고 있는가? 그리고 당신은 그 메시지에 어떻게 반응하는가? 어떤 것이 일어난다 하더라도 그것을 단박에 이해하려고 애쓸 필요 없다. 그저 감정 하나하나가 일어날 때마다 그것을 바라본다. 관찰하고, 그 감정에 대한 당신의 경험을 명료하게 인식한다.

그 감정이 무엇인지 명확해지면, 더 이상 이름을 붙이지 않아도 된다. 생각들로 그 감정을 붙잡아 두지 말라. 더 많은 이름을 감정에 붙이면 붙일수록, 이야기의 줄거리가 점점 더 과장되고 그 이야기에 더욱더 집착하게 된다. 그렇게 되면 당신과 감정 사이의 틈이 점점 더 좁아지게 되며, 감정적 마음은 더 동요하며 혼란스러워질 뿐이다.

그렇게 하지 말고, 그 감정을 있는 그대로 내버려 두라. 어떤 감정이 튀어나오면, 오게 놓아두라. 그 감정이 바뀌면, 바뀌게 놓아두라. 그 감정이 사라질 때, 사라지게 놓아두라. 그 감정이 열린 공간 속으로 융해되도록 내버려 두라. 감정이 이렇게 융해될 때, 텅 비었다거나 공허하다고 느끼지 않을 것이다. 대신 안도감을 느끼고 자신의 현존을 성성하게 느낄 것이다.

이 과정을 성공적으로 마치기 위해서는 시간과 인내가 필요하다. 천천히 나아가도 괜찮다. 그러나 어느 지점에 이르러서는 숨겨 두었던 감정들과 직면할 필요가 있다. 지금까지 억눌러 온 감정들을 어떻게 하면 내려놓을 수 있을까?

억눌린 감정들을 내려놓으려면, 그 감정들을 찾아서 그들이 어떻게 생겼는지 잘 살펴보아야 한다. 억눌린 감정들을 살펴보려고 문을 열 때, 이는 사람들이 꽉 찬 방으로 들어가 잘 알지도 못하는 사람을 찾는 것과 마찬가지일 것이다. 내면을 돌아볼 때, 거기에는 아주 많은 감정들과 생각들이 흥얼거리고 말싸움하고 자기들의 일을 하고 있을 것이다. 그래서 처음 들여다볼 때에는 억눌린 감정들을 찾는 일이 쉽지 않을 것이다. 그 감정들은 부끄러움을 매우 많이 타서 자신의 모습이나 비밀을 쉽사리 드러내지 않을 것이다.

그러나 그들에게 다가갈 방법을 찾아야 한다. 자신이 특히 피하고 싶었던 감정들이 이 감정들인지, 이 감정 느끼기를 피하기 위해 무엇을 하는지 그리고 지금 자신이 억누르고 있는 감정이 있는지를 스스로에게 물어봄으로써 그 감정들을 이끌어 낼 수 있을 것이다.

마침내 당신은 과거를 돌아봄으로써 그 감정들에 대해서 더 배울 것이 있는지, 즉 어떠한 감정들을 지금까지 의도적으로 피해 오고 있었는지 그리고 어떻게 그 일이 시작됐는지 이해할 수 있을 것이다. 그리고 적절한 때가 되면, 자신을 더 잘 이해할 수 있을 것이다. 그때가 오면 이 발견의 순간으로 자신을 이끈 지혜와 용기를 고마워하게 될 것이다.

내려놓기(렛고): 내려놓는 이도 내려놓자

이 수준에 이르면 끝으로 해야 할 것이 하나 있다. '내려놓는 이'를 내려놓는 것. 이는 당신이 더 안심할 수 있다는 것을 의미한다. 이제 당신은 자신을 쫓아가려고 특별히 더 공들이지 않아도 된다. 의식적으로 알아차림 하며 거리를 만들어 왔으며, 명확하게 보는 방법을 배우고, 마지막으로 용감하게도 불편한 감정들을 놓아 주는 데 몰두해 왔던 '나'에 대한 특별한 관심을 내려놓아도 된다.

'내려놓고 있는 건 나 자신'이라는 고정된 생각에서 자유로울 때, 감정들을 아주 미세한 수준까지 변화시킬 수 있을 것이다. 지금까지 당신

117

을 날카롭게 판단해 왔던, 감정들을 지켜보는 당신을 쉴 틈 없이 지켜봐 온 당신 한 부분의 긴장을 풀 수 있을 것이다. 이는 당신의 모든 말과 행동의 실행자이며 감시자이자 의식의 이중간첩을 내려놓는 행위다.

이 정도 깊이까지 긴장을 풀 수 있을 때 알 수 있을 것이다. 신경증적인 감정의 행동 양식 속에 얽어 놓은 모든 매듭이 사실 매듭지을 수 없는 뱀의 몸뚱이를 매듭지으려는 노력과 비슷하다는 것을. 뱀을 그대로 놔두면 뱀은 아주 쉽게 꼬인 몸을 풀 수 있다. 그 매듭을 그대로 붙잡아 둘 유일한 방법은 뱀을 붙잡고 있는 것이다.[13] 마찬가지로 당신이 고통스러운 지점까지 이르렀던 어떤 감정을 풀어 주기로 결심했을 때, 그 감정의 청정한 에너지는 저절로 그 자신을 풀어 놓을 것이다. 왜냐하면 궁극적으로 감정들은 자기 마음대로 오고 갈 것이기 때문이다. 당신의 감정들로부터 당신을 자유롭게 해 줄 이는 없다. 심지어 당신조차 그렇게 하지 못한다.

이와 동시에, 당신 말고는 그 어느 누구도 당신 자신을 위해 이러한 발견을 할 사람이 없다. 당신을 빼고는 당신의 감정들이 당신과 관계 맺는 방식을 바꾸려 들 사람도 없다. 따라서 이 지점에 이르러 이러한 질

---

13) 뱀은 몸이 길어도 살아 있는 생명체이기 때문에 아무리 얽어 놓아도 저절로 풀린다. 이 비유는 대완성 수행(족첸)에서 번뇌가 일어날 때 번뇌를 매듭처럼 묶어 놓은 뱀의 몸으로 보고 저절로 풀리도록 어떠한 인위적 행위도 하지 않은 채 그 번뇌가 스스로 사라지도록 놓아두는 방법을 족첸 뻰롭 린뽀체가 쉽게 설명한 것이다

문을 마주해야 할 것이다.

"나는 이 매듭이 저절로 풀리도록 내버려 둘 마음이 있는가?"

나 자신에게
물어보기

내 몸은 감정들을 어떻게 느끼고 있는가?

어떤 감정의 존재를 명확하게 느낄 수 있을 때, 다음과 같은 방법을 따라 해 본다.

그 감정이 어떤 것이든, 당신의 주의를 몸 전체, 즉 당신의 가장 기본적인 물질적 현존으로 향하게 한다. 그러고 나서 몸을 발바닥부터 머리 끝까지 살펴본다. 또는 손가락과 발가락 끝부터 중추까지 안쪽을 살펴본다. 중요한 것은 그 감정의 영향을 몸 어느 부분에서 느끼고 있는지 그리고 그 영향이 무엇인지를 알아차리는 것이다. 부정적인 감정들은 광범위한 육체적 증상들을 부추길 수 있다. 그 조짐들이 무엇인지 그리고 그 조짐들이 변하는지 다음과 같이 살펴본다.

▶ 내가 긴장하고 있는가? 그 긴장은 몸 어디에 있는가?

▶ 호흡이 얕은가? 혹은 빠른가?

▶ 내가 부들부들 떨고 있는가? 얼굴이 빨개졌는가?

▶ 심장의 옥죄임, 머리의 지끈거림 같은 어떤 불편함을 느끼는가?

몸 상태를 관찰할 때, 몸 안에 응축된 에너지를 이완시키고 풀 방법은 여러 가지가 있다. 만일 당신이 이를 꽉 물고 있다는 것을 느꼈다면, 의식을 그 부분으로 옮겨 와 깊게 심호흡 한다. 그리고 의식적으로 그곳의 막혀 있지 않음, 즉 열려 있음과 이완을 일으킨다.

호흡과 함께 내려놓기

▶ 짜증나고 화가 났던 최근의 기억을 떠올린다.

▶ 자신에게 일어났던 그때 그 감정을 느낄 때까지 그 순간에 집중한다.

▶ 이제 깊게 숨을 들이쉬면서, 마음을 호흡에 집중시키고 몸의 긴장을 이완한다. 숨을 뱉어 내려고 서두르지 말라. 잠시 숨을 가볍게 멈춘 뒤, 내쉰다.

▶ 이 방법을 몇 번 더 한 뒤 자신의 경험에 어떠한 변화가 있었는지 점검한다.

6

감정이
생각에 미치는 영향

—

자신의 눈으로 바라보며
자신의 가슴으로 느끼는 사람은 거의 없다.

_앨버트 아인슈타인(물리학자, 1879~1955)

이 단계까지 도달했다면 당신은 감정 구출 계획의 기초를 배운 것
이며 세 단계를 실천에 옮기기 시작한 것이다. 큰일을 이룬 것이다. 이
제 감정들에 대해서 아주 많은 부분을 이해하고 있으며, 감정의 습관적
밀당(밀고 당김)에서 자유로워질 방법을 알게 됐다. 이것이 완전한 패키
지다. 당신은 방법을 알고 있고, 왜 그리고 어떻게 이 방법이 효과적인
지도 알고 있다. 해피엔딩을 향해 모든 것을 건너뛸 수도 있을 것 같다.
즉, 감정들을 창의적 에너지로 발견하는 것은 모든 문제를 해소시키며
삶에 새로운 가능성을 열어 준다. 영국의 시인, 로드 바이런이 말한 대

로다. "쉼 없이 춤을 추라! 기쁨을 가두지 말라."

거기까지 가기 전에, 생각(감정)과 소통하는 방법과 이름 붙이기가 역할을 할 부분에 대해 더 알아보자. 이는 당신이 쓸 주요 도구 중 하나인 마음챙김을 어떻게 쓰는지에만 초점을 맞춘 일종의 '실험 실습' 시간이다. 이 도구를 쓰는 데 능숙해질수록 마음이 평온할 때나 불길에 휩싸여 있을 때 당신이 어떻게 생각하고 느끼고 행동하는지 더 제대로 볼 수 있다.

시험을 당할 때, 당신이 무엇을 할 수 있는지 살펴보라. 일자리를 잃었을 때 무엇이 일어나는가? 휴가를 갔는데 감기 몸살로 앓아누웠다면 어떤가? 가장 친한 친구가 멀리 이사를 갔다면? 완전히 무너지는가, 아니면 주변 이들을 모두 힘들게 함으로써 자신의 기운을 북돋우는가? 행동의 경우 '혹시, 어쩌면, 만일' 같은 관찰이나 상상에 기대지 않은 직접적인 경험에 근거할 때, 시기적절하고 합당할 때가 더 많다.

마음은 사물에 이름표를 붙인다

생각을 보다 더 자세히 들여다본다면 그리고 그 생각을 계속 지켜본다면, 무엇인가가 규칙적으로 일어나고 있다는 것을 눈치챌 것이다. 어떤 것을 볼 때마다 마음은 순간적으로 그 대상에 대한 이름표를 만들어 낸다. 장미와 같은 실제 입체적인 대상을 보고 있을 수도 있다. 혹은 밸런타인데이에 연인에게 주었던 장미처럼 순전히 마음속의 그림을 그리고 있을 수도 있다. 이렇든 저렇든, 대상이 당신의 마음에 떠오를 때 당신의 마음은 '장미'라고 말한다.

가장 기본적인 수준에서 모든 이름표는 꽃, 탁자, 아이팟과 같은 단순한 생각들 혹은 간단한 개념들이다. 모든 인식의 대상은 자신의 이름(태그)을 가진다. 이따금 당신은 그 이름표에 대해 생각하고 그 대상의 이름을 배우기도 한다. 이는 문화와 언어의 부분인 '상식'이란 것이다. 그러나 이 가장 기본적인 단계 위에, 우리는 재빨리 그 이름표 위에 좋다, 나쁘다, 옳다, 그르다 같은 생각들을 보탠다. 이러한 개념들 주변에 친구와 적이라는 이름을 붙여 판단을 내리고 다음 파티와 삶을 계획한다. 우리가 지닌 이름표들은 너무나 말이 많아져서 그럴싸한 이야기들을 지어 낸다. 그리고 우리는 그 이야기에 홀딱 넘어가 그것이 우리가 만들어 낸 이야기임을 잊기 시작한다.

예를 들어 새로운 이웃을 만난 뒤 '새 이웃, 샘은 참 좋은 사람이군.' 생각한다고 치자. 당신은 그 사람에게 '좋다.'라는 딱지를 붙인다. 이제 여기, 당신이 뭐라고 생각하는지에 대해 아무것도 모르는 '샘'이라는 사람이 있다. 샘은 당신이 볼 수 있는 신체적 특징을 가지고 있다. 키가 크고 호리호리하며 안경을 쓰고 있으며, 짧은 갈색머리를 하고 있다. 여기 어디에 '좋다.'라고 말할 것이 있는가? 그게 샘의 이마에 붙어 있는 사인도 아니다. '좋다.'라는 것은 당신의 생각에 불과하다. 그를 처음 보았을 때 왠지 모르게 그렇게 보고 싶었던 것에 불과하다.

이러한 딱지를 만들 때 무엇이 일어난 것일까? 당신은 샘이라는 실제로 존재하는 사람과 당신의 좋음이라는 개념을 섞어 놓은 것이다. 다음에 샘을 볼 때, 당신은 자동적으로 좋은 사람이라는 생각을 떠올린다. 순식간에 '좋음'과 '샘' 사이의 차이가 사라져 버린 것이다. 당신의 샘은 이제 그 딱지가 붙은 사람이 되었다.

어느 날 그 샘이 돈을 훔친다든가 자기 개를 때린다든가 뭔가 나쁜 짓을 하는 것을 발견했을 때 당신이 받을 충격을 상상해 보자. 당신은 존재의 위기를 느낄지도 모른다. 어떻게 좋은 사람이 나쁜 일을 할 수 있는가? 이제 샘을 나쁘다고 한다면 그저 한 딱지에서 다른 딱지로 교환하는 것일 뿐, 어떤 것도 명확해진 것은 없다. 당신은 그저 새로운 딱지를 만들어 이웃에게 붙인 다음 그게 실제라고 믿을 뿐이다.

당신이 매일 만들어 내고 있는 이름표에 대해서 생각해 보자. 당신의 생활에 당신이 만들어 낸 이름표들이 어느 정도까지 영향을 미치고 있다고 생각하는가? 이름표들은 우리가 다른 이들을 어떻게 다루는지, 그들에 대해서 어떻게 이야기하는지, 그들의 친구들, 그들이 가지고 있는 것들, 업적 등을 어떻게 바라보는지에 영향을 미치는 것 같다. 그리고 우리는 자신에게도 똑같이 그렇게 한다. 어떤 이름표들은 다른 것보다 더 정확할 때도 있다. 그러나 일어나는 일들이 기대에 맞지 않을 때, 우리는 화를 낸다. 완전히 통제력을 잃고 그 상황을 어떻게 하지 못하게 된다. 이 모든 것이 우리의 이름표와 우리가 이름 붙이는 현상이 서로 맞지 않기 때문이다.

이러한 연유로, 감정과 소통을 할 때에는 이름표들을 보다 느슨하게 하거나 그 이름표들에 대한 우리의 집착을 완화시키는 것이 중요하다. 그 이름표가 옳다고 가정하는 대신, 그 이름표의 당위성에 대해 의문을 던지는 습관을 길러야 한다. 마음속에 나타난 이름표에 특별한 위상을 부여해야 하는 것은 아니다. 이러한 인식이 한 번 일어나는지, 수천 번 일어나는지는 문제가 되지 않는다. 중요한 것은 이름표들이 우리를 쥐고 흔들 힘이 있다는 것 그리고 그 힘이 어떻게 우리의 삶과 공동체에 영향을 퍼뜨리는지를 아는 것이다.

내 감정들은
어떻게 변하는가?

(탐험하고 싶은 감정을 집어넣는다. 여기서는 화를 예로 든다.)

▶ 내가 화가 났을 때 가장 처음 알아차리는 것은 무엇인가?

▶ 내가 화를 인식하고 이름을 붙였을 때 무엇이 일어나는가?

▶ 그 느낌에 이름을 붙이는 것이 내가 그것을 경험하는 방식을 바꾸는가?

▶ 만일 바꾼다면, 무엇이 변하는가? 그 감정 자체인가? 아니면 그 감정에 대한 내 지각인가?

▶ 화가 풀렸을 때 나는 그것을 어떻게 아는가?

여기 모든 것이 마음속에서 일어나기 때문에, 당신은 언제라도 이를 점검할 수 있는 가장 완벽한 위치에 있다.

몇 분 동안, 하던 일을 멈추고 살펴본다. 하루에 단 15분만 속도를 늦추고 위와 같은 질문들에 대해 생각해 보는 것이 괴로운 상황들을 누그러뜨리고 명료하게 하는 데 막대한 도움을 줄 수 있다. 단박에 대답할 수 없을 것 같더라도 걱정하지 말라. 중요한 것은 그 감정에 대한 관찰을 연습하는 것이다. 꾸준히 하다 보면 더 쉬워질 것이다.

이름표 내려놓기

생각과 현상에 이름 붙이는 마음이 어떻게 움직이는지를 살펴봄으로써 감정의 표층 너머가 보이기 시작할 것이다. 사람과 사물에 이름을 투영하는 것이 사람과 사물을 직접 경험하지 못하게 방해하고 있음을 이해할 수 있을 것이다.

현상에 이름을 덮어씌우는 것은 당신과 세상 사이에 일종의 완충 지대를 만든다. 당신은 이웃을 반드시 알 필요가 없고, 그 이웃이 당신을 알도록 할 필요도 없다. 당신은 서로의 정체를 고정시켜 놓은 것이다. (그 사람 역시 당신에게 이름표를 붙여 놓고 있을 것이다.) 이러한 습관이 지나치면 자신을 다른 이들로부터 고립시키며 관계를 단절시킨다. 그리고 우리의 창의적 에너지로부터 우리 자신을 단절시킨다.

직접 경험의 감각을 회복하고 당신의 그 중요한 에너지와 다시 연결 짓기 위해 필요한 일은 이름표들을 극복하는 것이다. 당신이 이름 붙인 감정들은 인공 감미료와 색소가 가득 들어 있는 가공 식품과 비슷하다. 가공되지 않은 신선한 감정보다 가공 식품들이 훨씬 더 입에 잘 맞겠지만, 이들의 공 칼로리empty calories는 영양소가 훨씬 부족하다. 다행히 감정은 음식처럼 가공될 수 있는 것이 아니다. 감정들의 핵심은 언제나 그대로인 채로 있다. 따라서 언제라도 그 감정의 생생한 경험과 다시 연결하는 것이 가능하다.

조금만 살펴봐도 원초적 감정에 대해 보다 잘 이해할 수 있을 것이다. 이 감정이 처음 이르렀을 때는 발가벗고 있었다. 이 감정은 어떠한 이름표도 붙이지 않은 채로 당신 앞에 나타났다. "나는 화야." "나는 열정이야." "난 하여간 좋은 거야."라고 읽을 수 있는 팝업 창을 달고 나오지 않았다. 이는 어린아이의 순박한 에너지와 같이 순수한 에너지의 경험에 지나지 않았다. 가끔 이 에너지는 평온하게 쉬고 나서 미소를 지으며 일어나지만, 잠시 뒤에 고함을 지르며 벽을 두들길 수도 있다.

그 에너지의 정체 또는 그 에너지를 직접 다룰 방법을 알지 못한다면, 최소한 이 에너지를 자제하려는 노력은 할 수 있다. 마치 방에 가득 찬 시끄러운 아이들을 다루듯이 장난감들을 꺼내 놓거나 만화영화를 틀어 놓음으로써 그 에너지를 자제시키는 것이다.

마찬가지로 우리는 가공되지 않은 감정 에너지를 우리의 개념화된 것으로 우회시킨다. 이 벌거벗은 감정이 나타나면 우리는 재빨리 이름을 붙인다. 그러면 이 감정은 미묘하게 변화한다. 이름표들이 감정들에 스며들면 감정들은 약간 '이상하게' 느낀다. 감정들은 우리가 뒤집어씌운 개념들의 특징을 들쳐 메고 작위적 혹은 가공된 것이라고 느끼기 시작한다. 그 느낌이 무엇이든, 이는 우리가 처음 접했던 순수하고 오염되지 않은 상태의 감정이 더 이상 아니다.

애초의 감정과 이름 붙여진 감정, 이 둘 사이의 간극은 마치 원조 코카콜라와 체리 맛이 나는 체리 콜라[14]의 차이와도 같다. 물론 둘 다 콜라이지만, 이 둘이 같은 것도 아니다. 체리 콜라를 만들기 위해서는 원조 코카콜라의 맛을 바꿔야 한다. 그러고 나면 더 이상 오리지널이 아니게 된다. 우리는 항상 사실을 추구해야 한다. 체리 콜라가 아닌 원초적 감정을 추구해야 한다.

---

14) 10대 청소년층을 주소비층으로 1985년에 발매되었다가 체리 향의 호불호가 강해 초기에 큰 실패를 보았던 코카콜라의 한 상품.

내 감정이
내 생각을 바꾸는가?

▶ 내가 어떤 이에 대해 화, 질투, 갈망을 일으킬 때 나는 그 사람에게 다른 특징들을 가져다 붙이는가?

▶ 어떤 사람의 참된 자질을 얼마나 보았는가? 그리고 어느 정도가 내가 그 사람에게 덮어씌운 것인가? 어느 날은 훌륭한 사람이라고 생각하다가 나중에는 정반대로 생각하는가?

▶ 화가 났다거나 행복할 때 나 자신을 바라보는 태도가 바뀌는가?

반영하기

깊게 생각해 보고 5~10분 정도 각각의 질문에 답해 보라. 앉은 채 질문 3개에 모두 답하거나, 며칠에 걸쳐 하루에 하나씩 답해도 된다.

선택 사항

질문을 하나씩 깊게 생각해 본 뒤, 트위터에 쓰듯 140자로 답해 보자.

만일 당신의 개념과 이름표가 현상이 실재하는 방식과 같다면 다 좋을 것이다. 그러나 그렇지 않다. 당신이 스스로에게 말하는 것과 실제로 일어나는 일 사이에 괴리가 있기에 당신은 혼란스럽다. 심지어 당신은 현상에 투사한 이름들이 이치에 딱 들어맞는다고 생각하기까지 한다. 그러나 사실 그게 아니라는 것을 알게 될 것이다. 감정 경험을 잘 이해하기를 원한다면, 끊임없는 갈등을 해소할 지속적인 해결책을 원한다면, 이름 붙이기를 그만두어야 한다. (최소한 그 이름표들에 대한 맹목적인 믿음을 포기해야 한다.)

감정들이 그들의 아름답고 본래적인 지혜를 드러내는 때는 당신이 그들을 있는 그대로 있도록 놓아 주고 어떠한 것도 작위적으로 더하려고 하지 않을 때뿐이다.

혼란의 세대들: 감정은 감정을 낳고…

우리가 어떻게 혼란을 겪게 되는지 알아보자. 붉은 장미와 새 이웃 샘의 예에서처럼, 이름표 붙은 생각과 우리가 이름 붙이는 현상들을 뒤섞기 시작할 때, 우리는 오해의 1세대를 만들어 낸다. 이 뒤범벅에서 감정의 2세대 그리고 이름표의 2세대가 일어난다. 그리고 이 과정이 거듭 반복된다. 2세대는 3세대의 바탕이 되고, 따라서 매우 복잡해진다. 당신의 원초적인 경험을 살펴보고 그 경험의 6~7세대 뒤에 당신이 어디에 이르게 되는지 비교해 본다면, 이 둘은 서로 전혀 닮지 않았다는 것을 알게 될 것이다.

마침내, 당신은 당신을 힘들게 하는 감정들과 여전히 다투고 있으면서도 그 감정에 대한 이해에는 터럭만큼도 가까이 가지 못했다! 당신은 진짜 감정들과 제대로 소통하고 있지 않다. 그렇기 때문에 애당초 왜 이 갈등이 일어났는지조차 알지 못한다.

중국 산둥성에는 끊임없는 말싸움으로 유명한 시장이 있다고 한다. 두 사람 사이에 말싸움이 시작되면, 군중 가운데 몇몇이 둘이 왜 싸우는지도 모르면서 일단 편을 들기 시작한다. 그들은 싸우기 시작하고, 처음에 싸우던 두 사람이 지쳐서 집에 간 뒤에도 계속 싸운다고 한다. 점점 더 많은 사람들이 편을 들기 시작하면서 말싸움은 점점 퍼지고, 서로 고함을 지르고 삿대질을 해댄다. 누가 시작했는지, 왜 싸우는지도 전혀 모르지만 한동안 싸움은 계속된다고 한다.

감정도 이와 같이 행동하지만 우리는 그것을 알아차리지 못한다. 우리는 모두 똑같다고 여긴다. 감정의 흐름이 얼마나 길든 간에, 양편에서 얼마나 많은 목소리들이 한마디씩 얹든지 간에, 단 하나의 외고집 혹은 원한의 끊임없는 흐름이 처음부터 끝까지 흐른다고 생각한다. 감정들과 소통하고 이 속임수를 꿰뚫어볼 수 있을 때까지, 이름표와 개념들은 혼란이 계속 이어지게 할 것이다.

이 모든 상황을 잘 볼 수 있는 눈이 생길 때, 이름표들이 당신에게 크게 도움이 되지 않으며 이들에 기대서 뭘 해 보겠다는 게 부질없음을 깨달을 것이다. 이 헛수고에 예외가 있다면, 감정과 함께 그 순간에 일어났던 당신의 첫 생각이다.

예를 들어, 당신이 화에 대한 신선한 경험을 하고 있다면 그리고 그 경험에 개념적 이름-'나는 지금 화가 났다.'-을 붙일 수 있다면, 그 감정을 확인할 경우 그 감정이 통제 불능이 되기 전에 내려놓는 일에 도움이 된다. 재빠르고 가감 없는 솔직한 생각들은 감정을 명료하게 하고 이해하는 데 도움을 줄 것이다. 그러나 생각들이 마음대로 뛰어다니고 켜켜이 쌓이도록 둔다면, 본래 감정과의 연결은 끊길 것이며 다시 혼돈 속에 빠질 것이다.

우리는 이름 붙이기라는 기본적인 성향들로부터 점차 자유로워질 수 있다. 단박에 완벽하게 해낼 수 있다고 기대하지는 말라. 각각의 단계에 이를 때마다 감정들을 대하는 당신의 태도와 접근 방법이 변화할 것이다.

감정 에너지는 재활용할 가치가 있을지 모르는 쓰레기나 내다 버린 물건이 아니라, 진정 창의적인 에너지다. 그러나 이는 당신이 이를 삶 속에서 녹여 내기 전에는 그럴싸한 이론이며 지적인 개념에 불과하다. 시간이 걸리겠지만 시간을 투자하는 만큼 좋은 결과를 낳을 것이다. 이 연습을 계속한다면 예전에는 평정심을 잃었던 상황에서 자신이 더 침착하고 안정되어 있다는 사실에 놀라게 될 것이다.

놀랄 만한 부산물도 있다. 감정들의 진면목을 더 잘 알면 알수록 자신의 근본적인 자애에 더 쉽게 닿을 수 있다는 점이다.

나 자신에게
물어보기

내 생각과 감정은 어떻게 교류하는가?

명상 수행을 해 왔다면 현재 일어나는 생각을 인식하는 기술을 잘 알고
있을 것이다. 이는 간단한 방법이지만 마음챙김의 상태를 날카롭게 하
는 데 효과적이다. 마음을 관찰하며 일어나는 모든 생각을 알아차리면
된다. 어떤 한 생각이 일어났다는 것을 알아차릴 때 스스로에게 '생각'
이라고 말한 뒤, 그 생각이 지나가게 놓아두고 다시 마음을 관찰한다.
생각들을 인식하는 이 수행법을, 활동하는 감정들을 관찰하는 데까지
확장시킨다면 마음의 내용을 같은 방식으로 관찰할 수 있을 것이다.
다른 점이라면 생각과 감정 둘 다를 관찰한다는 것이다. 요점은 마음
에 흘러가는 생각과 감정을 페이스 북 사진에 태그를 달듯 단지 확인
만 해서는 안 된다는 것이다. 이 방법은 기본적인 명상 수행에 도움
이 되므로 여기서는 약간 다르게 수행해야 한다. 마음속 생각과 감정
의 현존을 관찰하는 것뿐만 아니라 생각과 감정이 서로 교류하는 방
법을 관찰해야 한다. 당신의 감정과 생각은 서로 어떻게 교류하고 영
향을 끼치는가?
이러한 일종의 '생각 탐사'를 연습하기 위해 마음을 조용히 관찰하는

시간을 조금 남겨 두라. 편안한 의자를 준비하고, 허리를 똑바로 편 상태에서 긴장을 풀고 앉는다. 긍정적인 마음 상태에서 시작하는 것이 도움이 된다. 이는 단순히 긍정적인 생각 또는 기분 좋아지는 희망(소망)을 생각하는 것을 의미한다.

편안하게 앉아 마음을 편안하게 한 뒤 일어나는 생각을 바꾸려 하지 않으면서, 그 생각이 오고 가는 것을 관찰한다. 마음에 생각이 일어나면 그 생각의 내용과 특징을 알아차리면서 그 생각에 이름을 붙이는 것을 최소화한다. (예를 들어 '아, 이것은 불안이지. 나는 취업 면접에 대해 다시 생각했어. 머릿속이 욱신거리는 것 같아.')

이름 붙이기를 보다 단순하게 해서 알아차림의 상태로 깨어 있는 것이 중요하다. 기본적으로 마음이 움직이는 방식에 익숙해지기만 하면 된다.

이 연습을 한동안 한 뒤에는 한 걸음 물러서서 당신의 일반적인 생각의 과정을 바라볼 수 있다. 스스로에게 질문하면서 한 감정이 처음 일어난 순간부터 그 감정에 이름 붙이는 그 순간까지 감정의 여행을 떠날 수 있을 것이다.

*생각을 관찰하는 연습에 대한 보다 자세한 설명은 8장 중 〈생각 잡아채기〉에서 찾을 수 있다.

7

뜻밖의
선물

—

자애는 귀가 먼 사람이 들을 수 있고
눈이 보이지 않는 사람이 볼 수 있는 언어다.

마크 트웨인(소설가, 1835~1910)

내가 어릴 때, 스승 가운데 한 분이 예상치 못한 선물을 주셨다. 그 것은 뱀이었다. 친구가 이 뱀을 유리 상자에 들고 왔다. 길고 밝은 녹색 이었으며, 등에는 네 개의 꽃잎을 가진 붉은 꽃 같은 무늬가 있었다. 매 우 아름다웠다. 내가 처음 들은 말은 이랬다.

"먹이를 줄 때 조심해. 독사야."

친구가 이런 말을 덧붙였을 때, 내 얼굴은 아마 매우 창백해졌으리라.

"걱정 마. 독은 빼냈어. 그러니 독은 없어. 그래도 조심해야지. 성질 사나운 뱀이니까. 내게 무슨 일이 일어났는지 봐."

친구는 자기 손에 난 큰 상처를 보여 주었다. 무엇을 먹여야 되느냐고 물어보자, 친구는 인도에서 가져온 병아리콩 가루 같은 것을 건네주었다. 우유에 섞어서 주라고 했다. 그 친구는 어떻게 유리 상자를 열어야 하고, 어떻게 그 뱀을 집어서 꺼내야 하며, 어떻게 먹여야 하는지 설명해 주었다. 나는 "고마워!"라고 말했다. 그 말 말고 어떤 말을 할 수 있겠는가? 내가 돌보라고 스승이 보내 온 것이 아닌가! 하지만 나는 그 뱀을 정말 무서워했다.

뱀을 집에 가져오자 어머니는 화를 내셨지만 스승님을 무척 존경하셨기 때문에 스승님께 화를 내지는 못하셨다. 내 방에 있는 뱀을 처음 보았을 때 온 가족 모두가 들떠 있었다. 아주 오랫동안, 내가 그 유리 상자에 손을 넣어서 뱀을 꺼내고 먹이를 줄 때마다 그 뱀은 나를 물려고 했다. 한 번도 거르지 않고 매번.

그 뱀과 좋은 관계를 만드는 데에는 시간이 꽤 걸렸다. 그러나 차츰 나는 뱀의 심기를 건드리지 않으면서 혹은 뱀이 위협을 느끼지 않도록 하면서 손을 꺼내는 방법을 터득하게 되었다. 나중에는 그 뱀을 그냥 잡을 수 있게 되었다. 이 방법을 터득하고 나자, 그 뱀은 아주 유순해졌다.

매일 먹이를 주고 돌봐 주기 위해 내가 독사와 일종의 우호 관계를 다져야 했던 것처럼, 우리는 가장 무섭고 다루기 힘든 감정들과도 공감적 유대감을 느껴야 한다. 우리가 3단계 감정 구출 계획을 연습하며 했던 것들은 단지 망치지 않는 기술을 배우는 계획이 아니다. 그 감정들 때문에 우리가 겪는 고통과 괴로움을 풀어낼 방법을 찾도록 노력해야 한다. 우리를 다치게 할 수 있는 감정들을 다룰 때, 즉 깜짝 놀라서 우리를 협박하고 물어 버리는 그러한 감정들을 다룰 때는 경계하는 행동 이상의 무엇을 해야 한다. 우리 자신과 우리가 겪어야 할 일들을 돌봐야 한다. 특히나 힘든 때일수록 스스로에게 약간의 사랑과 연민을 베풀 수 있어야 한다. 물론 타인에 대해서도 그래야 하지만, 만일 우리가 스스로에게 친절하지 않다면 다른 이들에게 나눠 줄 만큼의 연민은 남아 있지 않을 것이다.

당신 자신이어도 괜찮다

위험한 감정 영역 안에 있을 때 가장 중요한 것은 자신을 자애롭게 대하는 것이다. 진정한 자애는 늘 환영 받는다. 자애에 기댄다면 좋은 결과를 기대할 수 있다. 찌푸린 얼굴에도 금방 미소가 피어오를 것이다. 자애롭다는 것은 좋은 의미에서 예의 바르다는 것과 비슷하다. 이는 우리가 다른 사람이 자기 집에 있듯 편하게 느끼도록 그리고 근본적으로는 존중받고 있다는 느낌을 들도록 해 주는 것이다. 자애는 진솔하고 마음에서 우러난 것이며, 자비롭고 관대한 것이다. 당신을 힘들게 하는 감정과 소통하는 힘든 프로젝트를 하고 있다면, 자신을 자애롭게 대해야 한다는 점을 상기하자.

이는 일상의 삶과 투쟁에 약간의 동감과 감사를 한다는 것이다. 그리고 최선을 다해 감정을 다루는 방법을 바꾸려고 노력하는 동안 자신에게 조금의 휴식을 준다는 것을 의미한다. 여전히 감정을 전장에서 마주하는 적군처럼 대하고 있다면, 그 감정들의 창의적인 놀이를 제대로 평가할 수 있겠는가? 아니면 어떻게 그 감정들의 지혜를 발견할 수 있겠는가? 여기서 해야 할 것은 매우 간단하지만 쉽지는 않을 것이다. 오랜 시간 많은 공을 들여야 할 것이다. 그러므로 더 나아가겠다는 의지를 받아들이고, 그 의지를 굳건히 지킨다. 자기 등을 두드려 줘도 된다. 긴장을 풀고 느긋할 때 모든 과정이 훨씬 잘 돌아갈 것이다.

생각해 보면 자애는 언제나 이완된 상태다. 물론 예외도 있다. 우리가 할 수 있는 가장 자애로운 일이 어떤 이로 하여금 불편한 진실을 마주하도록 도와주는 것일 때도 있다. 거울을 보면서 어떠한 가림막도 없이 자신의 모습을 바라보는 것도 그러하다. 자애는 언제나 "예."라고 말하거나 무조건적으로 칭찬하는 것이 아니다. 그러나 어떠한 방식으로 표현되든, 자애는 결코 상대를 해치거나 헐뜯는 것이 아니다. 자애의 메시지는 언제나 이러하다.

'당신이 지금 무엇을 겪고 있건 간에, 당신 자신이어도 괜찮습니다.'

자신의 감정을 다른 이들의 감정과 비교하지 말라. 모든 이들의 감정은 독특하기에 이러쿵저러쿵 비교하기란 불가능하다. 우리는 모두 저마다의 방식에 강박적이다. 진짜 중요한 것은 자신의 경험이며, 무엇을 생각하는가이다. 자신에게 솔직해야 한다. 처한 상황이 아무리 힘들어도 그 상황에 있는 것은 다른 누구도 아닌 자신이다. 따라서 당신이 해결해야 할 문제다. 누구도 대신해 줄 수 없다. 어느 누구도 당신이 대면하고 있는 특정한 감정적 시련에 처한 당신이 될 수 없다. 당신이 겪고 있는 모든 감정적 동요와 재앙에도, 당신의 진정한 자아는 오류를 수정하거나 재프로그램 하거나 교체할 필요가 없다. 당신을 괴로움과 혼동 속에 가둬 버리는 습관적 패턴들을 바꾸려고 노력하면서, 이러한 패턴들이 당신은 아니라는 점을 기억하라. 이러한 패턴들은 감정의 본 모습조차도 아니다. 성난 상사, 질투 많은 남자친구, 지나치게 걱정 많은 부모님 등의 패턴은 당신이 뒤집어씌운 한시적 모습에 불과하다. 당신이 쓰고 있는 그 가면들 뒤에는 지혜와 파워 그리고 에너지의 막대한 원천이 있다. 그렇기 때문에 늘 당신이 잃어버리거나 내버렸거나 단지 바라보기를 멈췄던 창의적인 에너지, 행복 그리고 기쁨을 복원할 수 있다.

자신을 구출하고 복원한 다음에는 무엇이 일어날까? 당신이 습관적 패턴이라는 손아귀로부터 해방시킨 이 모든 창의적 에너지를 가지고 무엇을 할 것인가? 무엇이 당신을 그곳에 이르게 했던 시간과 헌신을 가치 있게 만드는가?

걸림 없는 삶

감정과 명료하고 솔직한 관계를 발전시키기 시작할 때, 당신의 감정만 더 잘 알게 되는 것이 아니다. 당신이 누구인지도 알게 된다. '알아차리며 거리 두기' '명확하게 바라보기' '내려놓기' 연습이 깊어질수록 불안과 공포, 이름표에서 자유로워진 감정들이 행복 · 창조성 · 자비를 향한 인간으로서의 광대한 가능성의 활발한 표현임을 알게 된다.

이것이 내가 반려 독사를 키우면서 터득한 교훈이다. 처음에는 그 뱀이 매번 나를 물려고 했기에, 뱀을 다루는 것이 무척 신경 쓰였다. 그러나 내가 긴장을 풀수록 뱀 역시 덜 긴장한다는 사실을 깨달았다. 큰 걱정 없이 뱀에게 다가갈 수 있다는 것을 알았을 때 우리는 보다 나은 시간을 보낼 수 있었다. 그때에야 나는 이 뱀이 얼마나 아름다운지, 얼마나 놀라운 선물이 내게 주어졌는지 알 수 있었다.

단순히 감정들을 그들의 본래 상태인 채로 내버려 둘 때, 그들은 훌륭한 예술작품과 같다. 들여다보면 볼수록, 더 많은 것이 보인다. 감정들은 자기 고유의 색, 에너지, 움직임 그리고 가끔은 완전한 침묵으로 우리의 흥미를 끈다. 그 감정들은 형언 불가능한 차원에서 우리에게 다가온다. 우리를 의미와 성취의 깊은 우주적 원천과 연결해 준다.

우리는 예술을 통해 고무된 영감과 진실한 감정의 예들을 발견한

143

다. 그러나 그러한 선물은 바깥, 멀리 떨어진 곳에 혹은 우리가 '예술가'
라고 이름 붙인 초인간적인 존재의 DNA에 존재하는 것처럼 보인다. 우
리 자신에게는 그와 같은 탁월함이 없다고 여긴다. '설마 내가 어떻게
그럴 수 있겠어?'

그러나 감정이 가진 힘을 발견하는 것은 '내면의 불꽃'을 찾고 그
것을 잘 사용하는 방법을 배우는 것과 마찬가지다. 무기력하고 박탈당
한 것처럼 느끼는 대신, 긴장을 풀고 우아함과 존엄을 가지고 살 수 있
게 될 것이다.

습관적 경향(그리고 부정적 감정들의 무게)의 불리한 조건에서 자유로울
때, 진정한 자신을 자유롭게 발전시킬 수 있게 된다. 당신 안에 살고 있
던 그 에너지가 이제 당신을 앞으로 나아가게 해 준다. 어떤 것을 하겠
다고 선택한대도, 이제 덜 힘들어하고 덜 두려워하며 현상이 일어나는
방식에 대해 덜 헷갈리면서 그 일을 해낼 수 있다.

당신이 '구출한' 창의적 에너지의 잠재력을 깨닫는 것은 자신만의
경험과 재능의 진가를 제대로 알고 탐험하며 그들에 대한 새로운 표현
을 발견한다는 것을 뜻한다. 당신은 당신의 순수한 열정을 찾아낼 자유
가 있으며, 의미 있고 뿌듯한 삶에 대한 당신만의 진심 어린 비전을 발
견할 자유가 있다. 갑자기 우리 모두가 예술가가 되어, 바닥을 훔치고
빨래를 하던 것이 순식간에 예술 작품이 된다는 말은 아니다. 물론 이
러한 일상의 일들을 예술적으로 그리고 매사 알아차리며 마무리 지을
수 있을 것이다. 그러나 그보다는 당신에게 더 나은 시야를 주는 마음

챙김의 긍정적인 자질을 함양하게 된 것이며, 삶을 통해 그리고 당신을 둘러싼 모든 것을 통해 아름답고 풍부한 불꽃들을 볼 수 있도록 도와줄 밝고 명료한 마음을 가진다는 뜻이다. 이 그림에 중요하지 않은 부분은 없다. 모든 부분이 전체에 있어 큰 의미를 지니고 있다.

타인의 삶

그림 전체를 보는 것은 먼 거리를 한 걸음씩 걷는 것처럼 축적적인 과정이다. 물론, 마음챙김의 한 순간의 섬광에 일어날 수도 있다. 당신은 이 순간, 이 걸음 그리고 당신이 경험하는 세계를 본다. 그리고 당신이 보는 모든 것과 당신이 연결되는 방식을 알아차릴 수 있을 것이다. 이 전체 그림을 더 명확하게 직관할수록, 모든 행동이 이 세상에 직접 영향을 미친다는 것을 더 잘 이해하게 될 것이다. 행동에는 늘 결과가 따른다. 상처 주는 말들과 행동들은 연쇄 반응을 일으킨다. 그 말과 행동이 주는 해악은 직접적인 충격 너머까지 나아간다. 마찬가지로 자애로운 말과 행동 역시 긍정적이고 기분 좋은 메시지를 볼 수 있는 것 너머까지 전달한다.

행동의 영향에 주의를 기울이는 것이 다른 이들에 대한 연민을 일으키는 첫걸음이다. 당신이 다른 이들의 고투를 대단히 날카롭게 바라보기 시작했기 때문에, 자연스럽게 연민, 즉 '함께 아파함'을 느끼는 것이다. 연민은 '창피한 것 아닌가?'라는 유순하고 일반화된 느낌이 아니다. 연민은 다른 이들의 괴로움을 덜어 주고 싶은 억누르기 힘든 강한 감정이다. 이는 열정적이며 이타적이다. 이 감정은 단지 느낌에서 머무는 것이 아니라 행동으로 옮기겠다는 결심이다. 연민은 당신을 감정적 격리 상태에서 꺼내 복잡하며 즐거운 관계 속으로 이끈다.

그러나 이러한 종류의 다른 이들에 대한 순수한 사랑을 발전시키기 위해서는 자신과 자신의 웰빙을 향해서도 동일한 사랑과 연민 넘치는 관심을 보내야 한다. 그래서 자신에 대해서 이야기를 하든, 다른 이들에 대해서 그리하든 간에, 똑같은 자애가 늘 있어야 한다. 통상적으로 자애는 상냥함을 특징으로 하지만 용기와 영웅심 같은 예외도 있다. 우리는 모든 사람들이, 심지어는 아주 어린 아이들까지 모두 자애로울 수 있다고 가정한다.

그러나 진정한 자애는 우리를 비폭력의 원칙과 일직선상에 놓는다. 우리는 비폭력에 대해서 고민하고 어떠한 일이 있어도 다른 이들을 해치지 않으며 살겠다는 용기 있는 결단을 내려야 한다. 이것이 매우 희귀하며 성숙하고 이기적이지 않은 삶에 대한 관점이다. 비폭력은 그 자체로 유해한 힘을 가지고 있는, 감정 상하게 하는 일을 더 이상 하지 않는 것을 뜻하기도 한다. 그러나 다른 때에는 자애의 행동은 변화를 일으키는 힘을 가지고 있다. 자애는 나쁜 분위기를 좋은 분위기로, 파괴적인 충동을 우정의 이타적인 표현으로 바꿀 수 있다. 모욕을 주는 대신, 악수를 할 수 있다. 적 대신 친구를 만들 수 있다.

연민(자애)을 기르는 데는 두 가지 방법이 있다. 첫째, 자기 자신을 포함한 다른 이들을 해치지 않겠다는 의지를 지키는 것이다. 둘째는 첫째보다 약간 더 나아간 것으로, 당신의 모든 행동을 바람직한 것으로 만들겠다고 각오하는 것이다. 이는 단순히 자학을 멈추는 것이 아니라, 진심으로 당신의 (몸, 말, 뜻의) 모든 행동들을 발전적이고 이롭게 바꾸도록 노력하겠다는 것을 뜻한다. 24시간 동안 연민을 기르려고 노력하면서 어떤 일이 일어나는지 살펴보라. 부정적인 짐에서 벗어나면 어떤 느낌이 드는지 알아보라. 대부분의 우리는 우리가 원하는 것보다(혹은 우리가 알고 있는 것보다) 더 많이 부정적인 것들을 끌고 다닌다. 만일 24시간 동안 이를 내려놓을 수 있다면, 하루 온종일 진정으로 마음 편하고 즐거운 자신을 발견할 것이다.

여기서의 요점은 그러는 척하지 않는 것이다. 이는 승자가 가장 멋진 미소와 멋있는 말들을 늘어놓는 놀이가 아니다. 자애라는 가장 심오한 마음과 우리를 연결시켜 삶을 보다 낙관적으로 느낄 수 있고 세상에 약간이라도 즐거움을 더 보탤 방법을 찾고자 하는 것이다. 물론 24시간 내내 100퍼센트 긍정적인 태도를 유지할 수는 없다. 그러나 목표를 높게 잡고 어디까지 다다를 수 있는지 볼 수 있을 것이다. 자애를 굳건히 지키며 발전적인 태도를 유지하는 이 두 가지를 올곧게 노력할 수 있다면, 당신의 모든 행동 속에서 빛나는 내면의 힘과 자유를 가지게 될 것이며 시간이 지나면서 이는 더 강해질 것이다.

24시간 동안의 자애로움

이 실험을 성공시키기 위해서는 진정으로 이 일을 하겠다는 결심이 있어야 한다. 오랜 습관에 절대 지지 않겠다고 당신 자신에게 맹세하라. 혀에 달린 칼을 당장 휘두르지 말라. (또는 입에 달린 총을 당장 함부로 쏘아 대지 말라.) 잠시 멈추고 시간을 약간 가진 뒤 다음과 같이 생각한다. '나에게는 선택의 여지가 있다. 그리고 어떤 쪽을 선택하든, 선택에는 늘 그에 대한 결과가 따른다.'

행동을 하거나 말을 하기 전에 자신을 멈추고 생각할 수 없다면, 나중에 스스로에게 이렇게 말하고 말 것이다. '아! 그런 뜻이 아니었는데. 하지만 이제 대가를 치러야겠지.'

되돌릴 수 없는 것들이 있다. 모든 후회와 사죄가 이미 깨진 관계를 되돌린다던가 당신을 법정에서 빼내 주지는 못한다. 그렇다고 해서 당신 스스로를 표현하면 안 된다는 말은 아니다. 단지 당신을 표현하는 과정 속에서 (당신을 깎아먹거나) 다른 이들을 해치지 않도록 노력하라. 자애를 주변에 약간이라도 펼친다면 보다 열린 사람이 될 수 있을 것이며, 다른 이들이 당신을 좀 더 받아들일 수 있게 될 것이다. 그러고 나면, 거듭해서 튀어나오는 악몽에 삼켜지는 대신 소통 가능한 새롭고 명쾌한 공간에 있을 수 있을 것이다. 우리 모두 우리를 지치게 하는 악몽에서 벗어나 삶을 보다 발전적인 방향으로 바꾸고 싶다는 꿈을 이룰 수 있게 될 것이다. 우리는 단순히 공포와 고통을 억누르는 대신 삶의 소박한 즐거움을 느끼기를 열망하고 있다. 그러면 그 꿈대로 살아 보는 것은 어떤가? 그런 삶을 상상하는 것만으로도 잠시 동안 홀가분해질 것이다. 매 순간 성공하는 것은 아니지만 하루에 몇 번은 성공할 수 있을 수 있다. 시도조차 하지 않는다면 무엇을 얻을 수 있을지는 절대 알 수 없다. 이는 오래됐지만 아직도 통하는 상식이다.

나 자신에게
물어보기

긍정적(부정적) 태도가 내 감정에 어떻게 영향을 미치는가?

태도가 감정에 미치는 영향에 대해서 살펴보기 위해 다음과 같은 연습을 해 보자.

1. 하루 동안 긍정적이고 낙관적인 자세를 유지하려고 노력한다. 불필요한 고통, 피로, 혼란을 자기 자신이나 다른 사람들에게 일으키지 않겠다는 의지를 굳건히 지킨다.

▶ 자기 자신과 이 약속을 지키겠다는 서약서를 써 본다. 가까이에 있는 상자에 서약서를 넣어 둔다.

결심한 하루 동안 목표를 달성하는 데 실패했다 하더라도 괜찮다. 실패라는 것에 머무르지 말라. 깊은 호흡을 하고, 긍정적인 의지로 다시 돌아온다.

2. 하루 일과를 마치고 잠자기 전에 한 일에 대해서 되돌아보고, 무엇이 일어났는지 생각해 보라. 자신에게 물어보라.

▶ 오늘 하루 얼마나 오래 긍정적인 자세를 유지했는가?
▶ 얼마나 자주 내 자세가 바뀌었는가?
▶ 긍정적인 자세를 잃었을 때 (그리고 약간 시니컬해지고 부정적이 되었을 때) 내 감정이 바뀌었는가?
▶ 내가 다른 사람들에게 이야기하는 방식 혹은 나에 대한 다른 사람들의 반응에서 어떤 변화를 감지했는가?
▶ 다음에 다시 살펴볼 수 있도록 적어 둔다.

이 연습이 너무 단순하다고 느껴지더라도 한두 번은 해 보라. 가끔 생각들은 변화를 만드는 중에 당신에게 말을 걸려고 할 것이다. 이는 당신이 하는 작업이 효과가 있다는 증거다.

　

말과 행동을 하기 전에 '긍정적인 자세 유지하기'를 기억하는 편이 좋다. 예를 들어 팁을 주기 전에 우리는 1달러면 된다고 생각한다. 곧 장모님이 될지 모를 분에게 아부를 하기 전, 우리의 생각은 이미 아부를 하고 있다. 그러니 행동하기 전에 생각부터 살펴라. 거친 생각들은 알아차리기 쉽지만, 은밀한 생각들 역시 알아차려야 한다. 그들이 어떤 불행을 초래할지는 이미 알고 있지 않은가.

이 연습은 도움이 안 되는 무의식적인 습관을 더 잘 알아차리게 하고, 이를 보다 발전적인 생각으로 대체한다. 하루 종일 연습하는 게 길게 느껴진다면 한 사람에 대해 하루 중 특정 시간에만 긍정적인 자세를 유지해 보라. 이를테면 자선기금을 모으려고 전화상에서 당신을 끈질기게 붙잡고 늘어지는 사람부터 시작해 본다. 그러면서 더 많은 사람을 포함시킬 수 있고 더 오래 긍정적인 자세를 유지할 수 있다. 한 주 동안 어떤 직장 동료에게 긍정적인 자세를 유지하는 건 어떤가?

긍정의 힘

이 책에서 소개하고 있는 3단계 감정 구출 계획은 완벽한 삶, 고통에서 완전히 자유로운 삶에 대한 것이 아니다. 결국 삶이란 이 모든 도전과 신비, 코미디 그리고 비극을 담고 있는 삶일 뿐이다. 어떤 날은 다른 날들보다 기운이 날 수 있지만, 폭풍이 지나가야 햇살이 비치는 법이다.

습관적 패턴 너머를 보려고 노력할 때, 긍정적인 시각을 지니는 것이 도움이 된다. 이 긍정적인 시각은 단순히 부정적이거나 비관적인 자세의 반대쪽에 불과한 것이 아니다. 당신은 세상을 장밋빛으로 보여 주는 안경을 쓰고 있지 않다. 당신은 역경을 매우 명확하게 인지하고 있다. 그러나 그 역경이 얼마나 큰지에 초점을 맞추는 대신, 강렬한 감정 에너지 속에 존재하는 가능성과 잠재력을 보고 있는 것이다. 화의 번뜩이는 명확함, 질투의 불평 없고 관대한 마음 그리고 집착의 순수한 사랑과 연민이 그것이다. 불안, 의심, 자신감 부족 안에는 수많은 좋은 것들이 들어 있다. 만일 거기서 부정적인 면만 보거나 그 행동을 외면하려고 한다면 아주 많은 것들을 놓치는 셈이다.

긍정성은 자세나 사고방식 이상의 것이다. 긍정성은 말을 넘어서는 힘이며, 가끔 세상 속에서 그 힘을 느낄 수 있다. 극히 긍정적인(혹은 부정적인) 일이 어딘가에 일어났을 때, 그 장소는 에너지 장이 되는 것 같다. 그곳은 일종의 힘을 지닌 장소, 파워 스팟power spot이 된다. 지구 전체에 그런 장소가 많이 있다. 성스러운 산들, 고대의 사원들 그리고 성스러운 순례지들이 그것이다. 이곳들은 평화, 치유 그리고 깨침과 같은 불가사의한 경험과의 경이로운 조우를 기대하는 많은 사람들을 매료시키고 있다.

매년 사람들은 이러한 영원과 신비의 장소에 몰려든다. 마추픽추와 스톤헨지의 유적들, 예루살렘의 성스러운 장소들, 이집트의 거대한 피라미드들 그리고 붓다가 깨달음을 얻었다고 전해지는 인도 부다가야의 보리수 등. 그러나 나는 사람들이 부서진 벽돌 조각이나 고대의 나무만 보기 위해서 이러한 곳까지 일부러 여행한다고 생각하지 않는다. 나는 사람들을 이끄는 것은 그곳에서 일어났던 일이라고 확신한다. 그러한 장소에서 솟아난 어떤 초월적이고 창의적인 에너지가 여전히 세계를 감동시

153

키며, 많은 사람들의 마음을 움직인다고 믿는다. 따라서 사람을 끄는 매력은 단순히 물리적 환경만이 아니다. 느껴지는 내적인 경험인 것이다.

마찬가지로, 삶 속에서 우리가 의지와 행동을 통해 일정 이상의 긍정적인 에너지를 만들어 낼 수 있다면, 긍정적인 파급력 역시 가질 수 있다. 이 긍정성이 충분히 강하다면 우리는 다른 사람들을 도울 수 있을 뿐만 아니라, 다른 이들 역시 그것을 느낄 수 있을 것이다. 그들은 이 에너지를 안식, 열림 혹은 기쁨으로 느낄 수도 있다. 우리는 파워 스팟과 그곳의 경이로움에 대해 들어 왔지만, 바로 우리 안에 그러한 힘을 가지고 있다는 것을 깨닫지 못했다. 우리 모두에게 필요한 것은 이 힘을 발견하고 길러 내는 것이다.

모든 부정적인 감정들을 긍정적인 힘으로 한 번에 탈바꿈할 수 있다면 좋겠지만 그것은 비현실적이다. 그렇게 하기 위해서 스스로를 너무 몰아붙이면 자신을 고문하는 이전의 습관으로 돌아가고 말 것이다. 그 대신 작은 것, 습관 하나부터 시작해 이를 긍정적인 방향으로 변화시키자. 하나를 성공하면 그 다음 습관을 변화시키고, 다시 다른 것을 변화시키고… 이러한 방식으로 하다 보면 보다 행복해질 것이며, 이러한 일들이 보다 현실적으로 도달 가능한 목표가 될 것이다.

반드시 기쁨이란 보상이 올 것이다

긍정적이면 긍정적일수록, 순수한 열정을 가지고 이 감정 구출 계획이라는 변화를 일으킬 가능성이 더 많아진다. 여기에는 반드시 기쁨이 있어야 한다. 마음과 소통하는 데 대한 보상이 있어야 한다. 자신의 마음을 새로운 방식으로 탐험하는 것 그리고 새로운 각도에서 보는 것은 멋지지 않은가? 오래된 습관들에 질리지 않았는가? 자신이 어떻게 변화할지, 오래된 습관을 어떻게 하나하나씩 바꿀지를 당신은 보고 있다. 열정을 일으킬 수 있다면 그 과정을 즐길 수 있을 것이다. 그러니 이 과정은 짐이 아니다. 당신은 중압감에 시달리고 있는 것이 아니다. '아, 반드시 이것을 해 내야 해. 그렇지 않으면 다른 사람이 화를 내거나 내가 지옥에 떨어지게 될 거야.' 이렇게 보는 대신, 한 걸음씩만 나아가며 할 수 있는 것만 하라. 지나치게 분석하지도 말고 지나치게 나아가려고도 하지 말라. 모든 것을 한 번에 얻을 수는 없다. 부정성이 당신의 마음에 순간적으로 일어나면, 미소와 자애로운 말을 상기하라. 일단 해 보자.

자신에게 자애를 베풀 수 있다면, 처해 있는 모든 상황을 지혜와 연민을 일으킬 기회로 삼을 수 있다. 이렇게 한다면 종국에는 모든 것이 자연스럽게 흘러가는 상태에 도달할 수 있을 것이다. 감정 폭발의 요란한 소리를 듣자마자 당신은 지금까지 배워 온 모든 것을 실천에 옮길 준비가 되어 있을 것이다. 삽시간에 그 감정 에너지를 느끼고, 붙들고, 직시할 수 있을 것이다. 당신의 시야는 큰 그림을 볼 수 있을 때까지 확장된다. 당신은 감각들, 몸 그리고 마음과 연결되고 나서 긴장을 풀고 그 감정을 내려놓을 것이다. '감정 구출 계획의 순서를 따르고는 있지만, 무엇을 먼저 하고 무엇을 다음에 그리고 그다음에 해야 하지?'라고 멈추고 생각하고를 반복하지 않아도 될 것이다. 당신은 이 약간의 내적 갈등을 영감의 발산으로 바꾸는 단계들을 이미 알고 있다.

감정 반응은 무용가의 도약과 스핀만큼이나 유려해질 수 있다. 그 반응이 나쁘게 보일까 봐 걱정하지 말라. 혹여 그것이 좋게 보인다고 하더라도 너무 뿌듯해하지 말라. 모든 것은 삶 속에서 바뀌고 변화한다. 꿈속에서처럼. 바로 다음 순간에 바뀔 수 있다. 그렇지 않은가? 이것이 당신의 감정이 당신에게 주는 갱신이라는 선물이다. 그러니 평정을 유지하라. 당신을 다른 어떤 것(다른 사람)으로 내세울 필요 없다. 단지 자기 자신이기만 하고 그 안으로 들어가라. 알아차리며 진심을 다해 당신의 꿈과 같은 감정들과 어울려 놀고 즐겨라.

평가하기

일주일에 한 번, 평가해 보자. 하루를 살면서 끊임없이 당신의 결심을 기억하고 있는가? 일어나는 다른 감정들을 기억하는가? 그 감정들 가운데 가장 극단적인 것은 무엇인가?

초점과 결심을 잃었다는 것을 알았다면 자신을 위해 세웠던 이전의 연습과 목표를 재점검하라. 목표가 더 구체적이고 측정 가능할수록, 성취 가능성이 높아진다.

주의 산만을 도우미로 사용하기

생활 속에서 우리를 둘러싼 것들은 끊임없이 변하기 때문에, 현재를 살며 의식적으로 알아차리기란 어려운 일이다. 우리의 주의력은 주변에서 일어나는 일들과 우리를 지나는 생각과 감정의 끊임없는 흐름에 의해 밀리기도 하고 당겨지기도 한다. 이것이 우리가 주의가 산만해졌다고 하는 것이다. 우리의 주의가 지금 여기라는 것에서 다른 데로 바뀐 것이다. 그리고 우리는 보통 일이 터진 후에야 정신이 다른 데에 팔려 있었다는 것을 알아차린다.

그러나 산만함이라는 이 형국을 바꾸어 당신의 도우미로 만들 수 있다. 당신은 '알아차리며 거리 두기' 연습을 언제 어디서나 할 수 있다. 엘리베이터를 기다리며, 줄을 서 있으면서, 은행에서 자기 차례를 기다리며 그리고 빨간 신호등 앞에서도 연습할 수 있다. 잠시 멈추고 자신을 살펴볼 기회를 줄 수 있다면 어떤 것이라도 골라 쓸 수 있다. 예를 들어 이러한 질문을 스스로에게 할 수 있다. '내가 어디 있지?' '내가 지금 무엇을 느끼고 무엇을 하고 있지?' 하루에 한두 번 정도 휴대 전화 알람을 설정해 놓고 그 순간의 마음을 들여다 볼 신호로 삼을 수도 있다.

행동에 옮기기

다음 주에 할 일

▶ 최소한 하루에 한 번 '알아차리며 거리 두기'를 실천하겠다고 자신과 약속하자.

▶ 아침에 일어나면 그 결심을 다시 한 번 확인하고 자기 전에도 그렇게 하자.

▶ 부글부글 끓어오르는 자신을 발견하거나 늘 당신을 한계까지 몰아붙이는 어떤 이에게 화가 나고 있음을 알아차리면, 마음챙김의 순간을 그 반응에 연민을 일으키는 데 사용한다.

앞으로의 연습에 대한 조언

2부에서는 3단계 감정 구출 계획을 성공적으로 실행할 수 있도록 도와줄 마음챙김 수련들과 요점을 소개할 것이다. 각각의 연습은 마음챙김 습관을 강화시키고 관찰의 힘을 보다 정확하고 효과적으로 할 수 있도록 도와줄 것이다.

어느 마음챙김 수련이든 효과가 있기 위해서는 당신이 삶 속에 현존하고 있어야 한다. 이는 감정이 상황을 들끓게 하고 있을 때, 몸과 마음이 함께 현존하는 것을 포함한다. 이때가 당신의 생각을 명확하게 하고 싶을 때이고, 당신이 무엇을 보고 듣고 느끼는지 명확하게 알고 싶을 때이다. 마음챙김이 당신의 진정한 친구가 되는 때이다. 마음챙김 습관은 감정과 소통하는 데 있어 '알아차리며 거리 두기' '명확하게 바라보기' '내려놓기'의 세 방법 모두에 필수적이다. 이 마음챙김의 습관을 통해 어디서 무엇을 하든 마음과 행동을 살펴볼 수 있다. 주변에서 무슨 일이 일어나는지 제대로 볼 수 있다. 감정의 에너지를 느끼고, 호흡하고, 긴장을 풀고, 내려놓으라고 자신에게 말해 줄 수 있다.

첫 번째 연습인 '알아차리며 거리 두기: 바라봄'은 주로 첫 번째 단계인 '알아차리며 거리 두기'와 연관되어 있다. 이 연습들은 당신과 감정에 대한 당신의 개인적 경험들에 집중한다. 두 번째 연습인 '명확하게 바라보기: 탐험'은 주로 두 번째 단계인 '명확하게 바라보기'와 관련되어 있다. 이 연습들은 당신의 관계들과 의사소통 선택을 포함한 외적인 일에 중심을 두고 있다. 세 번째인 '내려놓기: 긴장 풀기'는 세 번째 단계인 '내려놓기'에 대한 것이다. 이 연습들은 당신을 둘러싼 환경과 감각 지각 경험들 그리고 감정에서 오는 스트레스를 어떻게 풀 것인지 알아본다.

세 가지 연습의 하나하나가 세 단계 가운데 특별히 한 단계를 강조하지만, 이들을 연습하면서 세 단계 사이를 오가고 있는 자신을 발견할 수 있을 것이다. 감정 구출 계획의 첫 번째 단계에서 시작했지만, 연습을 하다 보면 두 번째 단계로 옮겨 가 있을 수도 있다. 아니면 특정 연습의 제목이 제시하는 특정 단계의 연습에만 머무는 것이 아니라, 두 번째 단계에서 세 번째 단계로 옮겨 갈 수도 있다. 이는 연습과 시각에 달린 것이다. 그렇지만 당신이 연습을 할 때 무엇이 일어나고 있는지 알아차리는 것이 도움이 된다.

모든 연습이 공통적으로 의식을 집중하고, 관찰하고, 바라볼 것을 요구할 것이다. 무엇을 바라봐야 하는가? 당신 자신, 습관, 지금 느끼고 있는 것이다. 이들을 자세히 관찰하는 것이 불행을 가져다주던 예측 가능한 감정적 성향에서 당신을 자유롭게 만드는 데 필수적인 지식을 선사할 것이다. 물론, 행복을 불러오는 감정을 간직할 수도 있다. 그 차이를 알고 있을 것이다.

각 연습을 시작하기에 앞서, 코멘트와 지시 사항을 읽어 본 뒤 의도를 갖추자.

"나는 매일 아침, 자녀/반려 동물/배우자와의 갈등 경험을 주시하겠다."

"나는 내가 반응하지 않을 때 어떤 변화가 생기는지 마음챙김으로 관찰하겠다."

이런 식의 의도를 단단히 세우고서 연습을 계속하자.

8

알아차리며 거리 두기:
바라봄

—

바라봄⋯ 일상에서의 마음챙김

이번 주에 일상 속에서 실천할 수 있는 한두 가지 마음챙김 명상 방법을 선택하라. 실천할 것이 구체적이면 구체적일수록, 한 주 동안 실천에 옮길 가능성이 더 많아질 것이다. 접시를 닦으면서 마음챙김을 실천할 가능성이 "나는 온종일 주의를 집중하겠다고 맹세한다."는 막연한 선언보다 더 쉬울 수 있다.

월수금을 선택해, 설거지를 하며 마음챙김 실험을 아래와 같이 시도해 보자.

- 현재 순간에, 싱크대 앞에 서 있는 몸에 그리고 손에 닿는 물의 따뜻함에 의식을 집중한다.
- 마음챙김 설거지의 경험이 별 생각 없이 하던 일상적인 설거지와 어떻게 달랐는지 주말에 생각해 본다.
- 이 알아차리는 행동을 다른 영역으로 확장시킬 준비가 되어 있다면 부엌에서 하던 다른 일에까지(예를 들어 카운터나 바닥을 청소하는 일까지) 확장시킨다.
- 부엌일 대신, 하루의 일과가 끝날 때 책상을 정리할 수도 있다.

어떠한 일을 하기로 선택하든, 마음챙김에는 집중과 이완이 동등하게 있어야 한다는 점을 기억하라. 이는 일을 철저하게 한다거나 일부러 천천히 의식적으로 한다는 게 아니다. 마음챙김을 즐기길 바란다.

바라봄… 지각의 전환

한 행동에 알아차리며 다가간다는 건 그 행동을 특정한 방향으로 보려고 하는 것이 아니다. 행동을 알아차리며 바라보는 것은 그 행동을 지각하는 방식을 바꾸어 놓는 것이다. 우리가 화나 질투라는 감정들을 주

163

시할 때 이 감정들은 포장되어 진열되어 있는, 시간이 지난 것들이 아니다. 살아 움직이는 감정들을 훨씬 더 명확하게 바라보는 것이다. 이를 통해 우리가 어떻게 감정들을 바라보는지, 즉 감정들을 지각하고 이름 붙이는 방식에 대해 이해하기 시작한다. 그리고 그 방식이 우리의 경험을 어떻게 바꾸는지에 대해 이해하기 시작한다.

이 명확한 이해가 우리가 생각하는 자신에 대한 새로운 이해로 우리를 이끌 것이다. 이는 인간관계 및 세상과 우리 사이의 연관 관계에 대한 생각에 새로운 시각을 불러올 것이다. 진심으로 감정이 우리의 삶에 끼치는 영향을 알고자 한다면, 마음챙김 명상이 큰 도움을 줄 것이다.

바라보라

- 책상 정돈 같은, 자신이 하는 특정한 행동을 바라보라. 다시 한 번 자기 자신부터 시작한다. 의식을 현재의 순간에, 책상 앞에 앉아 있는 몸에 그리고 책상 위와 주변에 있는 사물에 놓는다. (이들의 색, 모양 그리고 질감은 어떠한가?)
- 그 대상들에 대한 생각과 그 대상들이 일으키는 감정들 그리고 과거, 미래에 대한 상념들로 빠져드는 습관에 대해 알아차린다.
- 당신이 생각하는 첫 번째 순간에 '생각'이라고 인지한 뒤, 의식을 몸과 현재의 순간에 다시 집중한다.
- 다음으로 당신의 주의를 '알아차리는 마음 그 자체'로 돌린다. 당신의 행동들을 바라보는 그 마음을 바라보고, 다시 전처럼 마음

챙김 명상을 한다.

- 위의 단계를 두세 번 반복한다.
- 이 경험에 대해서 고찰한다. 알아차리며 바라보는 마음을 바라보는 것이 최초의 행동에 대한 자신의 경험을 바꾸었는가?

바라봄… 행동의 흐름

온라인 업무, 빨래, 세차, 강아지 목욕 시키기 등, 일을 하느라 바쁜 와중에 마음챙김 명상을 하면 이는 '알아차리는 행동'을 하는 것이다. 행동에 대한 생각들에 매몰되지 않고 행동의 흐름에 주의를 기울일 수 있게 된다. 더 익숙해지면 온 감각을 동원해서 마음과 몸에 주의를 기울일 수 있게 된다. 보이는 것들, 들리는 것들과 주변 사물들을 보고 듣고 만질 수 있다. 주의가 산만해지면 방금 일어난 모든 마음의 수다나 감정을 내려놓아 잠시 멈추고 '알아차리며 거리 두기'를 연습할 수 있을 것이다. 당신이 무엇을 하고 있는지에 대한 생각을 내려놓고, 그 일로 다시 돌아오는 것을 거듭한다.

주의를 산만하게 하는 모든 것을 내려놓는다는 것은 단순히 수다를 멈추는 것 이상이다. 완벽주의, 지루함, 질투, 걱정 역시 내려놓는다는 뜻이다. 그러고 나서, 긴장은 풀었지만 의식을 여전히 한곳에 집중한 채 하던 일로 다시 돌아오는 것이다. 저녁을 만들고 있다고 치자. 여기서 중요한 것은 단순히 그것을 하고, 내려놓는 것이다. 그 결과가 어떠하든 그 대로 두라. 어떠한 일에 의식을 완전히 집중했고 충분히 노력했다면 그 것으로 족하다. 삶 속에서 팔방미인이 되지 못하면 어쩌나 하는 걱정은 붙들어 매라. 그런 걱정 대신, 긴장을 풀고 지금 하고 있는 일을 즐기라.

적용하기

당신이 처음 해 보는 또는 경험이 부족한 단순하고 창의적 행동을 하나 고른다. 그림 그리기나 꽃꽂이, 시 쓰기가 그 예가 될 수 있다. 이 연습에서 중요한 것은 열린 마음으로 익숙하지 않은 일을 하고, 그 결과에 마음을 두지 않는 것이다. 자기비판, 혼란, 저항을 마주하게 되면 단순히 하던 일을 멈추고 긴장을 풀라. 그것이 자신을 자애롭게 대하는 길이다.

앞서 설명한 의식의 흐름 기법을 통한 글쓰기 방법을 이용해 약 5분 간의 경험을 적어 본다. 기분이 허락한다면 더 오랫동안 써도 괜찮다. 이러한 질문들을 생각하고 답해 봐도 좋을 것이다.

- 해당 행동을 할 때 어떠한 느낌을 받았는가?
- 호기심과 자애로 거부감을 대할 수 있었는가? 만일 그랬다면, 그 것은 어떠했는가? 만일 그렇지 못했다면, 무엇이 당신을 가로막 았는가?
- 산만한 생각을 종종 가라앉힐 수 있었는가? 그럴 수 있었다면, 마음을 가라앉히는 것이 '과정이 가치 있는 것'이라고 생각하는 데

도움을 주었는가? 아니면 결과가 중요하다고 생각하는 데 도움을 더 주었는가?

- 노력의 결과에 좋다, 나쁘다, 아름답다 혹은 흉측하다는 이름을 붙이지 않고(즉 결과에 대한 가치를 평가하지 않은 채) 그 결과를 지켜보는 건 어떤 느낌인가?

바라봄… 일상에서 상기하기

이 연습에서 중요한 것은 두 가지 다른 활동 사이에서 비슷한 의도를 찾는 것이다. 예를 들어, '차를 운전하는 일상적 활동'과 '어려운 감정들을 다루는 특별한 활동' 사이의 공통점을 찾아보는 것이다. 이들 사이의 공통적인 목적을 찾을 수 있다면, 일상의 활동이 감정을 효과적으로 다루겠다는 당신의 목적을 상기시킬 수 있을 것이다.

적용하기

- 운전을 예로 자신에게 이러한 질문을 한다. '운전대를 잡았을 때 내 의도는 무엇인가?' '왜 운전을 하고 있는가?' 대답은 아마도 이런 것일 것이다. '어디든 가고 싶은 대로 자유롭게 가고 싶어서. 그리고 몇몇 곳은 걸어서는 절대 갈 수 없는 곳이어서.'
- 다음으로, 감정을 다룰 방법에 대해 생각해 본다. 자신에게 이러

167

한 질문을 한다. '내 감정과 소통하겠다는 결심을 한 의도는 무엇인가?' '왜 그렇게 하겠다고 생각했는가?' 대답은 아마도 이러하리라. '내가 내 감정들과 계속 함께하는 것은 이것이 삶을 덜 괴롭게 할 유일한 길이기 때문이다. 내 목적은 감정적 괴로움에서 자유로워지는 것이다.'

- 마지막으로 이 두 가지를 통합하여, 하나의 목적이 또 다른 목적을 상기시키게끔 한다. 예를 들면 다음과 같이 말이다. '가고자 하는 목적지에 도달하기 위해 차를 몰고 있는 것처럼, 내가 그토록 바라던 감정적 괴로움에서의 자유라는 내면 공간에 도달하기 위해 나는 내 감정과 소통하고 있다. 그러니 운전할 때마다 나는 자유라는 목표를 기억할 것이다.'

- 목표를 상기하는 데 도움을 주는 특별한 신호를 정한다. 예를 들어 시동을 걸 때, 마음챙김 수련 역시 시동을 건다. 차의 대시보드에 이를 상기시키는 쪽지를 붙여 놓는 것도 방법이다.

이와 같은 연습을 할 때, 하루를 마무리하는 지점에서 5~10분 정도 이 연습이 얼마나 도움이 되었는지를 생각해 본다. 또한 마음챙김 수련을 하는 당신의 능력과 동기를 방해하는 것이 무엇인지 살펴보라. 침대 곁에 일기장이나 스케치북을 두고 자기 전에 즉흥적으로 생각나는 대로 메모를 남기거나 그림을 그려 본다.

바라봄… 잡았다 놓아 주기

언젠가 아주 오랫동안 여행을 하다, 옷을 갈아입을 일이 있어서 공항에서 셔츠를 하나 샀다. 가게에서 마음에 드는 짙은 파란 셔츠를 발견해서 자세히 살펴보지도 않고 샀다. 비행기에 앉아서 셔츠를 살펴보니, 소매에 물고기 한 마리가 그려져 있고 그 바로 아래에 다음과 같은 문구가 있었다. "잡았다 놓아 준다."

매우 기분이 좋았다. 마치 우주에서 온 메시지 같았다. 명상 중에 마음과 소통하는 방법을 가르칠 때 이 셔츠를 입었다. 이것은 여행 중 나의 핵심 가르침이 되었다. 이 문구를 명상 혹은 사색의 수행 가운데 사용할 수 있다. 일어나는 생각들을 잡았다가 놓아 주는 것이다. 생각들을 한 방 갈긴 다음에 죽여서 도로 던져 놓지 않아도 된다. 각각의 생각이 일어났다는 것을 알아차린 뒤 놓아 주면 된다.

명상 수련은 기본적으로 자신을 알아 가는 과정이다. 어떻게 하면 될까? 당신의 마음과 친숙해짐으로써 할 수 있다. 일반적으로 마음은 생각의 회오리바람과 같다. 그리고 명상은 이 회오리를 잠잠하게 해서 마음을 평온한 상태로 도야하도록 도와주는 수련이다. 우리의 마음은 생각하느라 바쁘다. 그뿐 아니라 우리는 보통 과거나 미래에 대해 생각한다. 과거를 다시 살아갈 수도 있고, 내일이나 10년 뒤 무슨 일이 일어날지 상상하거나 계획한다. 일반적으로 우리는 현재의 순간을 경험하지 않는다. 우리는 과거를 바꿀 수 없고, 미래는 늘 우리를 앞서 있다. 우리는 절대 거기에 닿을 수 없다. 정말 몰랐는가? 따라서 과거나 미래에 대한 공상이 계속된다면, 우리의 마음은 절대 휴식을 취할 수 없다. 단순히 안정을 취하고 편안하다고 느끼지 못한다.

명상을 거듭해서 수련하면 생각과 감정을 잡았다가 놓아 주는 데 점점 더 능숙해질 것이다. 마음은 차차 휴식의 상태로 자연스럽게 들어갈 것이다. 이것이 대단한 이유는 마음이 휴식을 취할 때 우리는 온전하게 살 수 있기 때문이다. 우리가 과거나 미래로 나아갈 수 없을 때 우리는 바로 여기, 실제로 살고 있는 바로 이곳에 존재할 수 있다. 현재의 순간을 사는 것은 단순히 깨어 있고, 당신 자신과 당신을 둘러싼 것들을 인식하고 있다는 뜻이다. 이 깨어 있음이 평화와 충만의 시작이다.

명상 지침: 호흡을 따를 것

다양한 효과적인 명상법 가운데 하나는 호흡을 따르는 수행법이다. 처음에는 단순히 등허리를 곧추세운 자세로 편안하게 앉아 호흡을 관찰하면 된다. 그 이상 아무것도 하지 않아도 된다. 호흡은 자연스럽고 편안하게 한다. 평상시에 숨 쉬던 방법을 바꿀 필요도 없다. 의식을 호흡으로 옮기는 데서 시작해, 코와 입으로 하는 들숨과 날숨에 의식을 집중한다. 숨결을 느끼고 숨의 움직임을 느끼는 감각이 있다.

이 연습은 단순히 숨을 지켜보는 것에서 그치지 않는다. 이 수행에 익숙해지면, 당신은 호흡 그 자체가 된다. 숨을 내쉴 때 그것을 느끼며, 그 날숨과 하나가 된다. 숨을 들이쉬는 것을 느끼고, 그와 하나가 된다.

당신이 숨이며, 숨이 당신이다.

긴장을 풀기 시작함에 따라 현재성 또는 현재 순간의 진가를 이해하기 시작할 것이다. 숨 쉬기는 오직 현재의 순간에 일어난다. 숨을 내쉰다. 한순간이 지나갔다. 다시 호흡을 한다. 또 다른 순간이 여기에 있다. 현재성의 진가를 인정하는 것은 또한 당신의 세계, 존재, 모든 환경 그리고 당신의 존재에 만족하는 것을 포함한다.

시작하는 방법

명상 세션을 시작하기 위해 우선 편안한 방석을 준비한다. 허리를 곧추세운 자세를 지지할 수 있을 만큼 단단한 방석이면 된다. 의자에 앉아도 된다. 중요한 것은 편안하지만 등을 곧추세운 자세로 앉아 척추를 바르게 하는 것이다. 방석에 앉아 있다면, 다리를 편안하게 겹친다. 의자에 앉아 있다면, 양발을 모두 고르게 바닥에 붙인 채 앉는다. 양손은 무릎이나 허벅지 위에 놓는다. 반쯤 눈을 뜬 채로 바로 아래쪽을 약간 멀리 내려다본다. 자세가 바르고 편안한 것이 요점이다. 편안하게 앉았다면 중요한 점은 온전하게 현존하는 것이다. 수행에 모든 의식을 집중한다. 5~10분 정도의 짧은 세션에서 시작하며, 당신의 경험이 어떠할지에 대한 호기심을 일으키는 것도 좋은 방법이다. 명상을 바르게 하는지, 그르게 하는지는 걱정하지 말라!

생각 잡아채기

명상을 하는 동안 마음의 수다 상자가 열릴 것이고, 아주 많은 생각을 하게 될 것이다. 몇몇 생각들은 다른 생각들보다 더 중요한 것처럼 보일 것이며, 감정적으로까지 발전할 것이다. 몇몇은 (무릎, 등, 목의 통증 같은) 육체적 감각으로도 느껴질 것이다. 몇몇 생각은 당장 해야 할 중요한 일처럼 여겨질 것이다. 중요한 메일에 답장하는 것을 잊고 있었다던가, 전화해야 할 곳이 있다던가, 어머니의 생일을 잊었다든가.

이러한 생각들이 일어날 때는 명상을 하다 말고 벌떡 일어서는 대신 그 생각들을 알아차리기만 하면 된다. 어떤 생각이 주의를 흐트러뜨리려고 하면, 스스로에게 이렇게 말한다.

'나는 엄마의 생일을 잊어버렸다는 생각을 하고 있다.'

단지 그 생각을 잡아채서 그 생각이 일어났다는 것을 인지한다. 그러고 나서 그 생각을 놓아 준다. 명상을 하기 위해 앉아 있는 동안 일어나는 모든 생각을 똑같이 대한다. 어떤 생각들에 다른 생각보다 더 관심을 가지지 않는다. 안 그러면 집중력을 순식간에 잃을 것이다. 그리고 마음은 떠돌아다니며 온갖 종류의 상상을 떠올리기 시작할 것이다.

명상을 하면 마음이 완벽하게 평화로워져서 생각에서 완전히 자유로워질 것이라고 생각할지 모르지만, 그것은 명상의 과정보다 명상의 결과에 더 가깝다. 명상 '수행'은 우리에게 일어나는 모든 것에 관계하는 것을 뜻한다. 어떤 생각이 일어나면 그 생각을 알아차리고, 그 생각이 있다는 것을 인지하고 나서 놓아 주며, 긴장을 풀고 숨을 쉰다. 이것

172

이 '잡았다 놓아 주기'이다.

　명상을 할 때, 이 잡았다 놓아 주기의 과정을 거듭 반복한다. 생각을 잡아채는 마음챙김 명상은 반복적인 연습을 통해 집중력을 강화시킨다. 연습을 할 때마다 몸이 튼튼해지는 것과 마찬가지다. 마음은 예측 불가능한 다양한 방법으로 당신에게 영향을 주는 많은 조건들과 연결되어 있다. 명상이 늘 일정하다거나 기대하는 만큼 진전이 있으리라고 여기지 말라.

　마음이 평화로워지고 명징해질 때까지는 시간이 걸린다. 그러나 결국 당신의 마음은 당신이 내려놓은 곳에 머무를 것이다. 명상과 마음의 힘을 기르는 것은 멋지고 건전한 활동에 그치는 것이 아니다. 이는 사실상 당신이 배우거나 성취하고 싶어 하는 모든 것에 대한 아주 큰 도움이며 지지 기반이다. 마음이 더 침착해짐에 따라, 당신은 매 순간 어떤 일이 일어나는지 더 잘 경험할 수 있다. 그리고 당신의 삶, 지금 이 순간 당신의 진짜 삶이 지금까지 일어났던 온갖 종류의 생각들보다 훨씬 더 흥미로운 것임을 이해하기 시작할 것이다.

9

명확하게 바라보기: 탐험

—

나의 감정적 한계 탐사하기

춤추기, 노래하기, 그림 그리기, 글쓰기 같은 특정한 행동들은 우리를 불확실성과 함께 현존하게 하고 창의적 과정을 탐험하도록 북돋아준다. 우리가 편하게 느끼는 영역 밖에서 열린 마음으로 판단을 중지한 채 있을 수 있다면, 생각과 감정의 활동을 매우 생생하게 관찰할 수 있다. 이따금 생각과 감정의 회오리바람은 단순하게 직접 연결되어 있는 몸과 마음을 산란하게 만들고, 그렇게 되면 우리는 더 탐험하고자 하는 의욕을 잃게 된다. 이윽고 우리는 멈추는 지점에 이르게 되는데, 이것이 개인적인 한계다.

이 개인적인 한계를 당신이 넘어서지 못하는 선 혹은 절벽이라고 표현할 수도 있겠다. 당신은 감정적으로 갈 수 있는 한계에 도달했다. 더이상 밀어붙인다면 폭발하거나 좌절하게 된다. 막막하거나 반항하거나 분노를 느끼거나. 이러한 좌절의 경험과 패배의 감정을 되새길 때, 당신 스스로에게 무슨 이야기를 하는지 들을 수 있겠는가? 예를 들어 고집 세고 별로 반갑지 않은 감정을 마주할 때, 특히나 스스로 바꿀 힘이 없다고 느끼는 감정을 마주할 때 '나는… 못해.'라는 생각에 빠질 수 있다. 이 감정에 대해 할 수 있는 것이 없다는 미세하게 잠재적인 믿음이 있을 수 있다. 이 한계에 대한 느낌을 알아차리는 것이 중요하다. 왜냐하면 이러한 한계가 당신이 가지고 있는 진심 어린 강렬한 소망에서 당신을 떼어놓기 때문이다.

그러나 당신이 감정과 소통하려고 노력하는 한, 의식을 집중하며 깨어 있을 수 있을 것이다. 오래되고 그닥 도움 되지 않는 습관적 패턴을 인식하고 바꾸고 있는 것이다. 힘들었던 경험을 통해 한계라고 생각했던 것들과 친밀해지고, 그 한계를 뛰어넘을 수 있을 것이다.

개인적 한계는 영원한 장애가 아니다

감정적 한계, 즉 당신이 어느 선들을 넘고 싶어 하지 않는다는 것을 알면 마음챙김 명상의 힘을 가지고 이 한계에 다가서지 않으려는 경향들을 조사해 볼 수 있다. 모든 현상들이 그러하듯, 이러한 성향들은 이들이 계속 존재하도록 도와주는 원인과 조건을 가지고 있으며, 무엇이 이들을 존재하도록 떠받치는지를 알아차리면 한계를 넘어설 수 있다.

행복한 마음과 고통스러운 마음의 상태는 아무런 연고 없이 어디선가 갑자기 튀어나온 것이 아니다. 이 마음 상태는 파이를 만드는 재료처럼 특정한 요소들의 결과다. 맛있는 파이를 맛볼지, 질기고 신 파이를 맛볼지는 재료, 조리법, 파이를 만드는 사람의 지식과 숙련도 등이 결정한다. 눈앞에 있는 결과물을 피할 수 없는 것은 아니다. 파이에 치즈 부스러기를 더할 수도 있고, 고기를 넣어 풍미 있는 파이로 만들 수도 있다.

마찬가지로 우리의 좋거나 나쁜 습관들이 작동하는 데에는 많은 조건들을 필요로 한다. 이러한 상호의존관계를 보는 것이 우리의 사적인 한계들이 영원한 장애가 아닐 수도 있다는 사실을 이해하는 데 도움을 줄 수 있다. 이 한계들이 나타나서 우리를 절망에 빠뜨리기 한참 전부터 우리는 이들이 일어나는 과정 어느 지점에서라도 훼방을 놓아, 그 결과를 뒤집을 수 있다. 직장 상사에게 화가 났다고 해서 집에 와서 개를 발로 차지는 않는다. 여전히 이 역동적인 힘을 조정하고 바꿀 여지가 남아 있다. 결론부터 말하자면, 당신은 당신이 가정하고 있는 한계들을 뛰어넘을 수 있다. 첫 번째 단계는 한계 그 자체의 경험과 이러한 감정들을 촉발시키는 조건들을 면밀히 살펴보는 것이다.

실천하기

- 개인적인 한계에 대한 경험을 점검하겠다는 결심을 한 뒤, 그 한계의 경험이 일어나면 '알아차리며 거리 두기' 연습을 적용한다.
- 이 결심을 적용할 특정한 예를 확인한다.
- 무엇이 당신으로 하여금 그 한계의 경험을 하도록 하는지 확인한다. 동료가 상사도 아니면서 이래라저래라 하면 분노에 정복당하는가? 동료가 당신의 견해와 상반되면, 특히나 당신이 옳다는 것을 알 때면 성질이 나오는가?
- 당신에게 그 벽을 경험하게 만드는 자극들이 존재하는 상황에 '알아차리며 거리 두기' 연습을 적용하겠다고 결심한다. 긴 줄을 서서 기다릴 때 안달이 나거나 적의를 품게 되는 상황들에 적용해 본다.

여기서 중요한 것은 어떠한 판단도 하지 않은 채 자신의 한계에 대한 경험과 마음챙김을 유도하고, '알아차리며 거리 두기'가 자신을 이끌도록 만드는 것이다.

관계 속에서의 감정적 습관 탐사하기

가장 가까운 인간관계 속에서 감정과 능숙하게 소통하는 데 있어서 중요한 것은 당신의 감정적 패턴에 대한 마음챙김의 힘을 기르는 것이다. 이것은 욕망의 다양한 표현들을 다루는 방법을 이해하는 데 있어 특히 중요하다.

질투할 때, 무시당했을 때 자신이 어떻게 반응하는지 알고 있는가? 실망했을 때 자신이 무엇을 할지, 얼마나 예측 가능한지 아는가? 화를 내거나 남에게 의존하거나 감정적으로 복수를 계획하기 시작하는가? 무엇이 당신의 마음을 열도록 도와주는가? 무엇이 당신에게 관용 혹은 관대한 마음이 일어나게 하는가?

인간관계를 보전하기 위해 할 수 있는 최선의 방법 가운데 하나는 당신의 감정과 솔직하고 정직한 관계를 개발하는 것이다. 감정적 습관이 한순간에서 다른 순간으로 어떻게 옮겨 가는지 볼 수 있다면, 그 습관을 변화시킬 더 좋은 기회가 있을 것이다. 아슬아슬한 상황에 닥쳤을 때 한두 순간 마음챙김 명상을 하는 것이 또 다른 롤러코스터(극적인 순간)를 모면하게끔 도와줄 것이다. 이 강력한 감정들을 거부하거나 비명을 지르며 도망가는 대신, 그 감정들에 대해 알아차림에 머물러야 한다. 강력한 마음챙김 명상의 습관이 감정적 삶에 행복한 균형을 유지하도록 도와줄 수 있다. 그 균형을 찾는 것이 보다 나은 삶을 사는 방법일 뿐 아니라, 보다 지혜롭고 즐거운 존재가 되는 길일 수 있다.

적용하기

- 결과가 좋지 않았던 말다툼을 기억해 보자. 지나치게 반응하거나, 생각하거나 판단하는 것을 멈춘 채로 잠시 그 감정을 느껴 본다.

- 강력한 자애와 연민의 감정을 우선 자신에게 일으킨 다음, 그다음으로 그 말다툼의 상대였던 연인, 가족, 친구에게로 옮긴다. 그 자비의 감정에 몇 분간 머문 다음에 그 상황에 대한 견해가 어떻게 변했는지 지켜본다.
- 예를 들어 '나 자신에게 너무 가혹하지 않을 때 유머 감각을 살릴 수 있었다.'처럼, 생각 가운데 하나의 지혜를 골라서 감정이 격앙되는 순간에 몰렸을 때 그 지혜를 써 보려고 노력한다.

내가 속한 공동체에 대한 연민 탐사하기

연민은 괴로움과 함께 있겠다는 강력한 의지와 그 괴로움을 해소하겠다는 강력한 열망을 그 특징으로 한다. 연민은 당신을 괴로움에 더 가깝게 다가가도록 하는데, 이는 그 괴로움을 변화시킬 수 있도록 돕기 위해서다. 만일 괴로움을 당신 곁에서 멀리 떼어 놓으려고 한다면, 그다지 도움이 될 만한 부분이 없다. 연민을 공동체적 삶과 주변인들과의 교류 속에 들여놓을 때, 다른 사람들의 다양하고 가끔은 당신과 부딪히는 견해들과 보다 나은 관계를 만들 수 있다.

이웃이 사는 거리를 청소하기, 공동 정원 산책하기, 카풀 조직하기, 학교 파티 계획하기 등 여럿이 함께 하는 일은 다른 사람들과 관계를 맺는 방식에 대해 이해할 좋은 기회다. 이러한 일들은 또한 생각의 아주 작은 변화도 이러한 인간관계에 대한 경험을 바꿀 수 있다는 것을 잘 보여 준다. 예를 들어 보자. 누가 우리와 의견을 같이하고 누가 우리와 의견을 달리하는지에 따라 친하게 지내는지, 교류하는지 그렇지 않은지가 달라지는가? 우리가 다른 사람들을 향해 마음을 열고 받아들이는 자세를 취할 때, 연민은 조화를 향한 길을 열어 준다. 친구든, 가족이든, 경쟁자든, 적이든 간에 우리 모두 하루를 마무리할 때 행복하기를 바란다. 어느 누구도 두려워하거나, 아프거나, 고통스러워하기를 원하지 않는다. 우리의 경험에서 알 수 있듯이, 자애를 실천하는 데 있어 기회가 부족하다는 말은 통하지 않는다. 궁극적으로 연민은 사람 사이의 관계를 환영한다. 불편한 사람들까지도!

적용하기

단체 속에서 일하는 동안 겪었던 일에 대해 생각해 본다. 다음과 같은 질문들을 생각해 보고 그 경험들이 어떠했는지 상기시킬 메모를 몇 개 만든다. 가능하다면 같이 이 질문에 대답할 수 있을 다른 사람 혹은 소규모의 사람을 찾는다. 함께하면 자신의 고유한 질문들을 만들어 낼 가능성이 더 많아진다.

- 이 단체에서 일하는 경험이 당신의 마음챙김 명상이나 연민을 도와주는가? 아니면 힘들게 하는가?
- 힘든 일이 일어날 때, 그 일을 어떻게 어떻게 다루는가? 그 힘든

180

일과 친밀해질 수 있었는가? 아니라면, 다음에 이러한 일이 다시 일어났을 때, 이 힘든 일을 호기심과 자애로 대응하기 위해서는 어떤 것이 도움이 될까?

- 당신의 마음챙김 감각이 혼자 일할 때와 단체 속에서 일할 때 어떠한 변화를 주는가?
- 당신이 하겠다고 고른 행동과 그렇지 않은 행동을 할 때, 이 둘 사이에 차이가 있는가?

다른 이들과 말하고 듣는 방법 탐사하기

소통은 서로에게 정보를 전달하기 위해 사용하는 언어 이상의 것이다. 소통은 감정 속에서 표현되는 에너지를 가지고 있다. 서로 이야기를 할 때, 우리가 교환하는 정보는 대화의 일부분에 지나지 않는다. 그 정보에 대한 느낌은 또 다른 대화의 일부분이다. 우리의 행동은 진짜로 언어보다 훨씬 큰 소리를 낸다. 따라서 가슴에 의지하지 않은 채 귀에만 의지해서 듣는다면, 소통의 아주 결정적인 부분을 놓치게 된다.

다음에 소개할 연습은 알아차리며 하는 행동과 그렇지 않은 행동 사이의 차이를 극명하게 보여 줄 것이다. 지금까지 크게 관심을 가지지 않았던 순간들을 알아차릴 때 우리가 스스로를 비난하지 않고 자애롭게 대할 수 있다면, 이 순간들이 우리에게 그러지 말 것을 상기시키는 데 많은 도움이 될 수 있다. 늘 다음 기회가, 앞으로 나아갈 방법이 있다. 일상생활 속에서 우리가 알아차리며 하는 행동과 그렇지 않은 행동 사이의 차이를 이해한다면, 그 차이가 우리에게 미치는 영향을 이해하기 시작한다면 관계 속에서 보다 나은 신뢰, 감사, 조화라는 긍정적인 변화를 알아차릴 수 있을 것이다.

두 사람이 하는 연습

지금부터 소개하는 연습에서 당신과 짝꿍은 말하기, 듣기의 과정을 탐험할 것이다. 특히 듣기에 방점을 둘 것이다. 각자는 바꿔 가면서 말하는 역할과 듣는 역할을 한다. 따라서 둘 다 두 역할을 공평하게 경험할 수 있다. 우선 역할에 대해 설명하고, 연습을 위한 가이드라인을 설명하겠다.

듣는 이

이 역할을 맡을 때의 연습은 자신의 감정에 주의를 기울이면서 짝꿍에게 완전히 귀를 기울이는 것이다. 듣는 것에 대한 자신의 반응을 알아차린다. 다른 사람과 대화를 하고 있을 때, 우리는 종종 말을 끊고 다른 이야기를 해야 할 것 같은 느낌을 받는다. 대꾸하거나 대답하거나 문제를 고치고 싶은 욕망에 사로잡힌다. 이 욕망이 우리의 귀를 틀어막고,

우리는 친구가 하는 이야기를 더 이상 들을 수 없게 된다.

그러니 그저 들어라. 마음을 열고 있으라. 이 열린 마음속에서 자신이 감정적이 되고 있음을 알아차린다면 단순히 '알아차리며 거리 두기'를 연습한다. 평정심을 유지하면서 짝이 하는 말에 대꾸하고 싶은 충동을 누를 수 있도록 도와줄 것이다. 자신의 생각과 감정의 흐름을 바꾸어 보려는 시도를 삼가면서 인내심을 가지고 지켜본다. 그러고 나서 이 생각과 감정을 놓아 주고 듣기의 경험 속에 머문다.

처음에는 이 연습이 약간 이상하고 불편하다고 느낄 수도 있다. 만일 그렇게 느낀다면, 연습을 아주 잘 하고 있다는 좋은 신호라고 생각하자. 이렇게 귀 기울이는 데 익숙해지면서 당신의 존재는 다른 사람들을 진심으로 지지하며 그들에게 도움이 될 것이다. 당신은 점차 이러한 귀 기울임의 방법에 알아차리는 반응까지 쌓아 나갈 수 있을 것이다. 그러나 이 연습의 목표는 듣는 것 그 자체를 경험하는 데 있다.

말하는 이

이때의 역할은 자신의 말에 주의를 집중하는 것이다. 의도를 가지고 말하며, 말할 때 그 의도를 가능한 한 명확하게 표현한다. 말하는 것이 불편하거나 무엇을 말할지 망설여지면 계속 말을 이어 가는 대신 침묵하라. 짝꿍은 당신이 하는 말에 피드백을 주지 않는 상태에서 당신이 이야기할 때 일어나는 생각과 감정에 주의를 집중한다. 감정이 일어나면 잠시 멈추고 그 감정이 일어났다는 것을 소리 내서 혹은 조용히 인

183

지한 뒤 계속 이어 나간다.

말하는 이와 듣는 이 모두

이 연습은 깜짝 놀랄지도 모를 의사소통 습관에 대한 자기 인식을 고양시키는 것이 목표다. 일반적으로 말하는 방식과 관련한 습관은 눈에 잘 띄지 않는다. 친구와 이야기하고 있을 때, 우리는 보통 우리가 말하고자 하는 것을 전달하려고 든다. 상대방이 우리에게 전달하고자 하는 메시지에는 그다지 신경 쓰지 않는다. 듣고 말하는 것에 신중하게 주의를 집중하면서 우리가 '자기 본위적이고 자기만족적인' 모습을 벗어날 수 있는지를 명확하게 알 수 있을 것이다. 이제 시작해 보자.

연습

짝꿍을 골라 이 연습을 같이 할 시간을 정한다.

1. 서로 편하게 마주볼 수 있는 거리에, 마주 앉을 수 있을 만큼의 공간을 찾는다. 테이블 폭 정도의 거리면 괜찮을 것이다.
2. 누가 먼저 말하는 이가 되고 누가 듣는 이가 될 것인지 정한다. 첫 번째 연습이 끝나면 역할을 바꾼다.
3. 자애와 연민에 대해 몇 분 동안 같이 사색한다. 자신과 짝꿍 모두

이 두 가지에 기반을 두어 연습하겠다는 의지를 일으킨다.

4. 말하는 이: 근자에 개인적으로 약간의 감정적 부담을 겪었던 사례 가운데 하나를 고른다. 처음에는 다루기 고통스러운 사례보다는 이야기하기 어렵지 않은 것을 고른다. 보다 밝은 쪽으로 이야기를 풀어 나간다. 이번 주 직장에서 일어났던 일이라던가 당신의 관심을 끈 최근의 뉴스도 좋은 주제가 될 수 있다.

5. 듣는 이: 말하는 이의 이야기를 듣기만 한다. 말하는 이의 이야기에 반응하지 않는다. 이야기를 들으면서 불편한 감정이 떠오르면 '알아차리며 거리 두기'를 수행한다. 상대방의 이야기, 판단 혹은 다른 충동을 잠시 물려 놓고 감정이 일어났다는 것을 인지한다. 그 감정의 직접 경험에 머무르도록 노력한다. 가능한 한 말하는 이에게 주의를 집중하고 마음을 열어 둔다.

6. 말하는 이는 4분 간 듣는 이에게 말을 한다. (알람을 맞춰 두면 도움이 된다.) 이 4분이 말하는 이가 이야기만 할 수 있는 기회다. 짝꿍인 듣는 이는 듣기만 할 뿐 대꾸하지 않는다. 말하는 동안 일어나는 정신적, 감정적 경험을 의식한다. '말하기'의 특징들이 어떻게 해서 말하는 것 이상이 되는지 기록하고, 일어나는 감정에 대해 '알아차리며 거리 두기' 수행을 하는 것을 염두에 둔다.

7. 역할을 바꿔 다시 4분간 한다. 말하던 이가 듣는 이가 되고, 듣던 이가 말하는 이가 된다.

적용하기

10분 간 아래의 질문에 대해 하나 이상 답을 적는다. 지금 답을 못하는 질문이 있다면 나중에 답해도 괜찮다.

- 아무런 대응도 하지 않고 듣기만 한 경험에 대해서 적는다. 무엇을 배웠는가?
- 아무런 대응도 받지 못한 채 말하기만 한 경험에 대해 적는다.
- 어느 지점에서 자애에 가장 쉽게 접근할 수 있었는가? 어느 지점에서 가장 어려웠는가? 예를 들어 판단, 부정, 두려움 등의 감정들을 둘러본다.
- 마음에 걸렸던 지점, 즉 판단이나 두려움을 유발시키는 지점, 면밀히 관심을 기울이기 힘들었던 지점에 대해 적어 본다.
- 이 연습 가운데 가장 즐거웠던 부분은 무엇인가?

가슴으로 듣는 방법 탐사하기

진정한 대화를 위해서는 연민이라는 관문을 통과해야 하는 것 같다. 당신의 가슴이 연민으로 밝혀져 있을 때, 자기 본위적이거나 자기만족적인 상태를 온전히 넘어섰을 때 당신의 메시지는 제대로 전달될 것이다.

연인, 부모님 혹은 아이들이 당신에게 이야기를 할 때 당신이 이미 결론을 내린 상태에서 판단과 이름표를 미리 준비한 채 그 이야기를 듣는다면, 절대로 그들이 하고자 하는 이야기를 들을 수 없을 것이다. 이렇기 때문에 전 세계적으로 자녀 관계, 연인 관계에서 오해와 문제가 생기는 것이다. 우리는 서로 듣지 않는다. 오직 자신의 이야기만 들을 뿐이다. 다른 사람들이 무슨 말을 하든 자신이 듣고 싶은 말만 듣는다. 자신의 결론, 자신의 판단, 자신의 믿음만 들을 뿐이다.

미리 결론을 내리거나 판단을 하지 않으면서 마음을 열고 듣고자 한다면, 굳어 버렸던 견해는 유연해질 것이며 연민이 그 상황에 영향을 미칠 기회가 생긴다. 우리는 더 특별하고 진실한 믿음을 서로 교류할 수 있을 것이며, 이는 다른 이들로 하여금 그들 자신을 신뢰할 힘을 줄 것이다.

연민과 지혜가 이러한 방식으로 함께 간다면 이는 당신의 행동에 마음을 불어넣을 것이며 당신의 마음을 행동으로 옮겨 줄 것이다. 다른 이들을 돕겠다는 진심 어린 열망이 실제로 이루어질 수 있다.

그러니 소통의 핵심인 진짜로 전하고 싶은 이야기를 듣기 위해서는 음악을 듣는 방식으로 마음의 소리에 귀 기울여야 한다. 그리고 당신이 이렇게 들을 수 있을 때 두 개의 마음, 두 개의 심장을 하나로 엮어 줄 열림의 상태가 있을 것이다.

적용하기

연민을 능숙하게 실천하고자 한다면, 한 상황에 필요로 하는 것이 무엇인지에 대해 기민하게 알아차려야 한다. 그게 무엇인지 알기 위해서는 선입견을 버려야 한다. 열린 마음과 가슴으로 그 상황을 지켜보며 귀 기울인다.

- 당신이 오해 받고 있다고 느끼며, 당신의 목소리가 제대로 들리지 않아서 필요한 도움을 받지 못했던 느끼는 상황을 떠올린다.
- 이제 당신을 필요로 하고 당신의 목소리 역시 명확하게 들리는 상황을 떠올린다.
- 이 두 예 속에서 듣는 이의 차이는 무엇인가?

귀 기울이기 연습

- 이번 주, 하루에 한 번 마음으로 다른 이의 목소리에 귀 기울이겠다고 자신과 약속하라. 시간, 장소 그리고 이 연습을 할 대상을 정한다.
- 자애와 연민으로 이 귀 기울이기 연습을 하겠다는 의지를 되새긴다.
- 이러한 연습이 도움이 될 수 있는 관계를 찾는다. 연인, 아이, 직장 동료, 당신이 속한 공동체의 한 구성원이 될 수도 있다.
- 다음에 그 사람을 볼 때, 그 사람의 소리를 마음으로 듣는다. (그 당사자와 당신의 관계가 친밀하고, 당신이 대화를 나누는 사람이 이 수행에 대해 열려 있다면 "대화 속에서 자애를 수련하는 중"이라고 설명하는 것도 괜찮다. 그들이 이 과정을 당신과 탐험해 보는 데 관심이 있을 수 있다. 그들이 관심을 보인다면,

이 연습에 대해서 설명하고 같이 해 볼 수도 있을 것이다. 연습을 하기에 앞서 서로 할 질문을 같이 고르고 말하는 이와 듣는 이의 역할을 점검한다.)

- 공공장소 혹은 일에 관련된 상황에서 특정한 시간에, 즉 하루의 일정한 시간 동안 대화에 온 정신을 집중하는 실험을 한다. 다른 때에는 그 수행을 놓아 준다. 이 두 가지 소통 방식 사이에는 어떠한 차이점이 있는지 알아차린다.
- 귀 기울여 들어야 할 사람이 없다면, 라디오 뉴스를 듣는다. 뉴스를 들으면서 어떠한 감정이 일어나는지 알아차리고 '알아차리며 거리 두기'를 수행한다.

⑩

내려놓기:
긴장 풀기

—

긴장 풀기… 당신이 지금 있는 곳에서

과거에 대한 생각

잠시 강의실이나 회의실(혹은 여럿이 모이는 장소) 등 익숙한 환경에 걸어 들어가던 경험을 돌이켜보자. 거기로 들어갈 때, 어디에 앉을지 매번 미리 알고 있었는가? 좋아하는 좌석이 있었는가? 걸어 들어갈 때 무엇을 알아차렸는가? 조용했는가? 시끄러웠는가? 정리 정돈이 되어 있었는가? 아니면 지저분하고 혼란스러웠는가? 강의실 분위기가 당신의 기분 또는 편안함에 영향을 미쳤는가? 어떻게든 강의실을 바꾸고 싶다는 생각을 했는가?

처해 있는 환경을 있는 그대로 받아들이는 것이 얼마나 어려웠는가? 그리고 그것을 바꾸려는 시도를 내려놓는 것이 얼마나 어려웠는가? 치과 대기실에 앉아 있을 때, 의자가 조금 더 편안하고 최신 잡지와 창문이 몇 개라도 있기를 원하기 시작하는가? (우리가 모두 그러하듯) 취향이 있는 것은 나쁘지 않다. 그러나 어느 시점부터 당신의 취향이 당신의 마음을 불편하게 하는 환경을 거부하기 시작했는가?

지금에 대한 생각

지금 어디에 있는가? 무엇을 보는가? 무엇을 느끼는가? 지금 이 순간 자신이 있는 공간에 대한 감각 경험을 관찰한다. 몸과 방석 또는 앉아 있는 의자 사이의 촉감, 살갗 위의 공기, 눈이 지각하는 빛과 형체 그리고 주변의 소리 등 물리적 감각을 알아차린다. 공기에 냄새가 있는가? 혀에 맴도는 맛이 있는가?

주위를 둘러싼 것을 알아차리며 '여기에 있는 모든 것'을 느낄 때, 당신을 여기에 있게 만든 노력을 내려놓고 긴장을 풀라.

미래에 대한 생각

여럿이 모인 곳에 있을 때, 자신이 어디에 서 있거나 앉아 있는지 살펴보라. 다른 사람들과의 거리가 특정한 감정을 일으킬 수도 있다. 북적

거리는 사람들 가운데서 다른 사람들과 어깨를 부딪히며 있는 것과 그들로부터 멀리 떨어져 홀로 서 있는 것이 어떻게 느껴지는가? 당신의 반응, 취향 그리고 좋다든가 나쁘다든가, 편하다든가 불편하다든가 하는 경험에 대해 당신이 붙이는 이름표를 알아차린다.

이름을 붙이는 혹은 판단을 내리는 과정이 시작되는 순간을 알아차리면 느끼고, 붙들고, 바라보는 '알아차리며 거리 두기'를 잠시 수행한다.

한 걸음 물러서서 큰 그림을 바라본다. 몸을 의식하고, 깊은 호흡을 하며, 놓아 주고, 긴장을 푼다. 당신이 붙들고 있는 것이 무엇이든(혹은 당신을 붙잡고 있는 것이 무엇이든) 풀어 준다.

우리의 경험을 이렇게 조사하는 것은 종종 우리가 잘 알아차리지 못하고 있는 성향들을 이해할 수 있도록 도와준다. 이는 또한 자신에 대해 공감, 자애, 연민을 느낄 수 있도록 도와준다. 다른 사람들에 대해서도 마찬가지다.

긴장 풀기… 감각과 연결하라

이 최신 사이버 시대의 거주민으로서 우리는 많은 이점을 누리고 있지만, 한편으로 잃는 것도 있다. 요가, 헬스, 조깅, 섹스와 같이 물질적인 것들에 대한 우리의 열망에도 불구하고, 우리는 어느 정도 몸을 잃어버리고 산다. 방금 출시된 멋진 태블릿 PC, 스마트 폰, 게임기, 3D 텔레비전 등을 가지기 위해 우리는 가끔 몸을 기계처럼 취급하기도 한다. 순수한 감정을 있는 그대로 느끼는 대신, 일상적으로 지적 판단과 교체해 버린다. 지금 이 순간 몸의 경험을 깨어나게 하는 것은 우리가 아니라 자동차 사고, 궤양 혹은 태풍 등의 사고나 재난일 때가 있다.

단순한 감각 지각 연습은 물리적 세계와 우리가 연결되어 있음을 느끼는 것, 즉 '감각을 느끼는' 것을 다시 내 것으로 만들기 위한 하나의 방법이다. 아래에 소개하는 방법은 시각, 청각, 후각, 미각 그리고 촉각의 다섯 감각과 우리를 다시 연결시키는 기초 연습이다. 이 다섯 감각은 '외부'를 향해 있다. 이 세상에 있는 모든 흥미롭고, 아름답고, 추하고, 욕심나고, 무서운 것들을 향하고 있다. 그러나 이들은 내부의 측면 역시 가지고 있다.

우리의 감각들은 몸에 있다. 외부와 내부가 연결되어 있을 때, 우리의 경험은 보다 완전해지고 심오해질 수 있다. 처음에 시작할 때는, 다른 사람들에게 습관적으로 반응하는 것을 자제하기 위해서 혼자 해 보는 것을 권한다.

(외부와 내부의 감각들과 함께 하는 이 수련은 《Coming from Nothing: The Sacred Art of Acting》 [Turquoise Dragon Press]의 저자인 날란다보디 미뜨라 리 월리 Nalandabodhi Mitra Lee Worley의 방법을 차용한 것이다. 월리 여사는 미국 날란다대학의 창립 멤버이기도 하다.)

시각 명상
연습

1. 집 안의 편안하고 조용한 장소, 가능하다면 자연 속에서 편안한 곳을 찾는다. 허리를 펴고, 편안한 자세로 앉아 꽃(꽃병에 든 꽃도 괜찮다.)이나 나무, 시내 등 자연의 사물에 시선을 둔다. 공원 벤치, 자전거, 가로등과 같은 사람이 만든 사물이나 타인을 대상으로 하는 것은 처음에는 피하는 편이 좋다. 그 대상과 대상의 주변(숲과 나무)을 같이 보려고 하되 너무 집중해서 보거나 눈이 피로해질 때까지 보지 않는다.[15]

2. 어떤 것이 '일어나기를' 기대하는 마음을 내려놓고 눈이 그저 보기만 할 수 있도록 놓아 준다. 이름표, 생각 그리고 덧붙이는 생각들이 마음속으로 들어오겠지만, 그들을 붙잡지 말고 지나가도록 내버려 둔다.

3. 자신의 몸의 모든 땀구멍을 통해 볼 수 있다고 상상한다. 눈으로는 계속 나무나 다른 사물을 감상한다.

---

15) 자세에 대해 까말라쉴라의 《수행의 단계》에서는 자신의 코끝을 바라보되 초점을 맞추지 않고 느슨히 본다고 설명한다.

4. 이 실험을 완수했다고 생각할 때가 올 것이다. 이제 시선을 꽃이나 나무나 시내에 조금 더(2~3분 정도) 두면서 주의를 환기시킬 때다.

5. 계속하면서 몸 안과 밖이 어떻게 느껴지는지에 주의를 기울인다. 이러한 느낌들에 이름표를 붙이지 않는다. (어떠한 이름표가 일어나더라도 조용히 지나가게 내버려 둔다.) 몸 안 어디에서 어떤 감각을 느끼는지 알아내려고 해 본다. 다리에 난 쥐라던가 목의 뻣뻣함 같은 느낌들이 지금 바라보고 있는 대상과는 아무런 관계가 없다 하더라도 알아차리려고 노력한다. 만일 감각이 움직이거나 변하면, 그 움직이거나 바뀐 감각을 붙잡으려고 하지 말고, 그 감각이 무엇을 하는지 지켜본다. 몸 안에서 무엇이 일어나는지 계속 살핀다.

6. 이 연습을 마칠 때, 잠시 쉰 다음 일어나 그 자리를 떠난다. 이 연습에 대해서 떠오르는 생각이 있는지, 즉 얼마나 잘했는지 못했는지 어떤 의미가 있는지 등의 생각이 떠오르면 알아차리고 내려놓는다. 이렇게 함으로써 '내려놓기' 근육을 기른다.

소리 명상
연습

1. 좋아하는 음악을 하나 고른다. 음조가 없거나 지나치게 난잡한 음악은 피한다. 헤드폰은 쓰지 않는다.

2. 편안한 자세를 취한다. 온 몸의 땀구멍을 통해 소리를 들을 수 있다고 상상한다. '귀'에 들어오는 모든 소리들에 주의를 오롯이 집중한다. 만일 스스로가 상상(잡념) 속으로 빠져 들어가고 있는 것을 알아차리면, 간단하게 주의를 돌려 다시 소리에 집중한다.

3. 시각 수련에서 했던 것처럼 몸 안팎의 느낌에 주의를 집중하기 시작한다. 이 느낌들에 이름 붙이지 않는다. (어떠한 이름표가 일어나더라도 조용히 지나가게 내버려 둔다.) 몸 안 어디에서, 어떤 감각을 느끼는지 알아내려고 해 본다. 예를 들어 다리에 난 쥐, 목의 뻣뻣함과 같은 느낌들이 지금 듣고 있는 소리와 아무런 관계가 없다 하더라도 알아차리려고 노력한다. 요점은, 소리가 몸속에 흘러 들어오도록 내버려 두며 몸의 어느 부분에서 그 소리가 반향을 일으키는지 알아차리는 것이다.

4. 음악은 특히나 감정을 일으키기 쉽다. 감정이 일어나면, 그 감정이

몸 어디에서 일어나는지 알 수 있는지 살펴보라. 주의를 몸의 그 부분에 집중하고 긴장을 늦춘다. 그러나 그 감정에 안주하지 말라. 그 감정에서, 그 감정에 대해 자신에게 들려주는 이야기로 당신의 주의가 빠르게 옮겨 간다는 것을 알아차린다. 이러한 알아차림은 좋은 것이다. 그 감정을 느끼는 대신, 그 감정에 대해 생각하려는 우리의 성향을 드러내 주기 때문이다.

5. 마지막으로, 깊은 호흡을 몇 번 한 뒤에 일어나서 일상으로 돌아간다.

향기 명상
연습

1. 향기로운 꽃이나 계피 혹은 독특한 냄새를 가지고 있는 대상을 고른 뒤, 편안히 앉는다. 눈을 감고 그 향기에 의식을 집중한다.

2. 숨을 들이쉬면서 코를 통해 향기가 들어와서 그 향이 자신의 몸을 가득 채운다고 상상한다. 복부의 긴장을 풀고 숨이 조용히 들어와 가득 채우도록 놓아 준다.

3. 그 향기를 알아차리는(경험하는 데 머물고 있는) 동안, 몸이 어떻게 이 향기를 느끼는지 주시하며, 이 느낌에 이름을 붙이려는 습관을 버린다. 그러고 나서 몸 안의 어느 부분이(혹은 어느 감각이) 그 향기로 인해 깨어나는지(일어나는지) 살펴본다. 자신의 몸이 풍선처럼 속이 비었다고 상상하고, 새는 곳 하나 없이 그 향을 다 받는다고 상상한다. 그 향기가 미치지 않은 곳이 몸 안에 있는가? 만일 그렇다면, 그 곳들을 정신적으로 연결시키고 그곳을 향기로 채울 수 있도록 한다.

4. 지루해지기 시작하면, 이 연습을 조금만 더 길게 한다.

5. 몸 안에 의식을 머물게 하면서 호흡을 자연스럽게 하는 것으로 이 연습을 마무리한다.

변형:

조금 더 어려운 과제를 수행하고자 할 때 다음과 같이 해 볼 것. 첫째, 향기가 호흡을 타고 텅 빈 몸의 공간을 완전히 채우도록 한다. 그러고 나서, 날숨이 코와 온 몸의 땀구멍을 통해 빠져나가 당신이 있는 방 혹은 그 너머까지, 이웃, 당신이 사는 도시, 지역, 원하는 곳까지 가득 채우는 것을 살펴본다.

맛 명상
연습

한 입에 들어갈 만한 크기의 과즙 풍부한 과일 두 조각을 접시에 올려 놓는다. 복숭아와 딸기가 특히 좋지만, 어떤 과일이든 상관없다. 접시를 앞에 놓고 그저 편하게 앉아서 이 연습을 시작한다. 지금쯤이면 이 연습에 자리를 잡고 몸을 느끼기 시작하면서 이전의 연습들에서 쌓은 경험이 당신을 이끌어 줄 것이다.

1. 첫째, 그 과일을 바라보고 먹는 것을 상상하는 것이 일깨우는 느낌 또는 감각이 무엇인지 잘 살펴본다. 이제 첫 번째 과일을 먹게 될 텐데, 평소보다 훨씬 더 천천히 먹는다.

2. 과일 한 조각을 집어서 혀 위에 얹는다. 입을 닫고, 씹지 말고 그대로 있는다. 내부의 어떠한 감각을 알아차렸는가?

3. 천천히 씹기 시작하되, 삼키지는 말라. 그 과즙이 입 안과 이 사이에 퍼지는 것을 느끼면서 과일을 으깬다. 과일을 맛본다. 과일을 씹거나 맛볼 때 반응하는 내부의 감각은 무엇인가?

4. 다음으로 과일을 삼킨다. 입 안, 목의 움직임 그리고 위로 내려가는

과일을 느낀다. 이 경험에 잠시 머문다.

5. 이제 과일을 먹은 후의 영향에 주의를 기울인다. 몸 안 어디에서, 어떤 육체적 감각을 알아차렸는가? 그 감각이 지속되는가, 아니면 바뀌는가?

6. 두 번째 과일 조각을 가지고 이 과정을 되풀이한다. 전 과정을 알아차리고, 놓치지 않으면서도 부드럽게 (그리고 원한다면 조금 빨리) 진행해 나갈 수 있는지 살펴본다.

변형:

자신이 어떠한 감각에 대한 느낌에도 마음챙김을 평온하게 유지할 수 있는지 살펴보는 동시에 성장, 수확, 운반, 전시, 구매 등의 과정에 대해 이 과일이 들려주는 이야기를 생각해 본다. 또한 이 맛있는 과일을 만들어 준 일조량, 물의 양 등 환경과 당신이 지금 맛보고 있는 이 순간에 대해서도 생각해 본다.

촉감 명상
연습

이 마지막 감각 연습에서는 촉각을 탐험할 것이다. 여기까지 오면, 다른 '외부를 향한' 감각들에 대한 이전의 연습들 덕에 내부 감각에 대해 보다 더 쉽게 접근할 수 있을 것이다. 우리가 늘 촉각을 경험하며 사는 건 아니지만, 촉각 기관은 외부 감각 지각 가운데 우리 몸에 가장 두루 퍼져 있다. 따라서 실제 촉각의 지각이 어디에서 일어나고 있는지 정확하게 짚어 내기란 쉽지 않다. 가끔은 고양이를 쓰다듬는 것처럼 느끼기 매우 쉽다. 또한 자비의 경험을 일으키거나 우리가 사랑에 빠졌다고 말해 주는 감각들처럼 아주 복잡하기도 하다. 누군가가 아주 특별한 자비의 행동을 했을 때 당신은 "아름다웠다touching."라거나 "감동받았다touched."라고 말할 것이다.

우리의 감각 경험에 대해 알아보는 것은 화, 질투, 집착과 같이 역동적이고 가끔은 골칫거리기이까지 한 감정들을 다루기 위한 일종의 워밍업이다. 다음의 연습은 신체적 촉각을 넘어서 어떻게 세상이 우리를 접촉하는지에 대해 탐사한다.

1. 사람이나 동물 등 당신이 알고 있는 누군가의 사진을 하나 고른다.[16]

2. 편안하게 앉는다. 몸이 안정되면, 그 사진을 손에 들고 잠시 바라본 뒤 눈을 감는다. 그 사진에 있는 사람 또는 동물의 존재를 느껴 본다. 첫 번째 단계가 몸 어느 부분의 감각을 촉발시켰는지 살펴본다.

3. 몇 분 뒤, 눈을 뜨고 그 사람 또는 동물의 현존(그 존재의 기운)을 계속 느낀다. 여러 생각이 피어나기 시작하면, 조용히 몸과 호흡의 감각을 편안하게 알아차리는 연습으로 돌아간다.

4. 그 사람(동물)에 대한 이야기를 놓아 주면서 당신이 이 인식의 범위를 더 넓힐 수 있는지 살펴본다. 주의를 밖으로 향하게 해서 자신이 있는 방의 공간을 느껴 본다. 동시에 자신의 몸과 자신과 사진 사이의 공간에 대한 인식에 머무른다. 이 확장된 알아차림을 조금 더 지속한다.

5. 이전 단계를 할 수 있었으면, 그 사람이나 동물에 대한 몇몇 생각이 마음에 들어오게 한다. 그 생각들을 부풀리거나 어떻게 해 보려고 하지 않는다. 그저 그 생각이 저절로 들어오고 있음을 알아차린다. 사진과 자신 사이의 공간 그리고 몸에 대한 알아차림의 상태를 유지한다. 만일 생각이 이 확장된 의식에서 떨어져 나가기 시작한다면, 자신의 몸과 공간에 대한 인식으로 다시 돌아온다. 다시 한 번 자신

---

16) 저자는 경고하지 않았지만, 수행자의 입장에서 초심자 혹은 아직 자기의 마음과 몸을 능숙하게 챙기기 어려운 독자들은 이 연습을 할 때 현재 살아 있는 사람 혹은 동물의 사진만 사용할 것을 강력하게 권한다.

의 몸 어디에 그 사진 속 존재가 '닿았는지' 살펴본다.

6. 이 세션을 마무리 지으면서, 심장 부근에서 사진 속의 사람(동물)에 대한 염려와 사랑의 마음을 내어 그 대상에게 보낸다. 이러한 바람들이 햇볕처럼 뻗어 나간다고 생각한다. 이는 당신 자신이 바라는 만큼의 행복과 자유를 그들도 똑같이 누릴 수 있기를 기원할 기회다.

7. 이 느낌에 머문다. 서두를 필요 없다. 당신은 당신이 있는 방을 넘어, 이미 알고 있거나 알지 못하는 이들에게도 이러한 좋은 바람을 보낼 수 있다.

11

완벽보다
더 중요한 것

—

나의 롤 모델은 누구인가?

자신에게 영감을 주는 사람들에 대해서 생각한다. 품격, 자애 혹은 지식 같은 그 사람들의 자질과 더불어 다른 사람들을 위하는 행동 등을 갖춘 사람들 말이다. 그러한 롤 모델과 조언을 해 줄 사람들이 주변에 있는 것이 많은 도움이 된다. 그들의 예는 우리가 꾸준히 앞으로 나아가고 의심, 공포 그리고 장애를 극복할 수 있도록 도와줄 수 있다. 그들은 우리로 하여금 우리 자신과 가능성을 믿을 수 있도록 힘을 줄 것이다.

(멀고 가까움에 상관없이, 존경하는 스승이나 예술가에 대한 진심 어린 존경심과 같은) 이런 관계는 우리가 지금까지 몰랐던 용기와 결단력이라는 자산을 우리 안에서 발견하도록 힘을 북돋아 줄 수 있다. 우리는 자신의 불편함에 대해 (남을 비난하지 않고) 책임을 진다는 것이 얼마나 큰 의미를 지니는지를 배울 수 있다. 자신을 사랑하는 법을 배울 수 있다. 우리 자신의 삶과 친구가 되고 천천히 우리의 감정들을 향해 마음을 엶으로써, 비난을 쏟아내려는 충동을 내려놓을 수 있다. 우리는 자신에 대해 보다 자신감을 가지고 다른 이들과 우리의 경험을 공유하려는 의지를 좀 더 강하게 일으킬 수 있다. 자애가 우리 삶의 일부가 될 것이고, 연민이 자연스레 발전할 것이다. 보다 용기 있게 되면서, 우리의 성공이 다른 이들에게도 용기를 줄 것이다.

적용하기

- 하나 혹은 여럿의 롤 모델을 가지고 있는가?
- 롤 모델의 자질들 가운데 가장 존경하는 부분은 무엇인가?
- 어떠한 방식으로 이러한 자질들이 자애 혹은 용기의 전범이 되는가?
- 그 예가 어떻게 당신의 행동에 영향을 끼치거나 행동을 안내해 왔는가?
- 당신은 다른 사람들에게 롤 모델인가?

목표와 의도를 재점검하자

일주일에 한 번 진도를 재점검하고 의지를 환기시키고 북돋아 줄 질문을 스스로에게 던진다. 아래에 제시하는 질문들을 해 볼 수 있지만, 생각나는 질문들을 해 봐도 무방하다. 일기장 혹은 공책에 한 주에 한 번 기록하고 가끔 과거의 기록을 점검한다.

- 얼마나 자주 나의 습관적 패턴에 주의를 기울일 것을 기억하는가? 그리고 나의 감정들과 소통해야 할 것을 기억하는가? 매주 조금씩 더 자주 기억하는가?
- 어떤 감정들이 이번 주에 일어났는가? 그리고 어떤 감정들이 가장 극단적이었는가?
- 3단계 감정 구출 계획 단계 가운데 이번 주에 사용한 단계는 무엇인가? 내 극단적인 감정들과 소통할 때 가장 유효했던 단계는 무엇인가?
- '알아차리며 거리 두기' '명확하게 바라보기' 그리고 '내려놓기'의 방법들이 기대만큼 잘되었는가? 만일 그렇지 않다면, 그 경험이 내가 기대하는 것과 어떻게 달랐는가?
- 자신을 사랑하는 법을 배우고 있는가? 내가 비판을 뿜어 내기를 멈추고, 그 에너지를 격려나 칭찬으로 바꾸는 것을 이번 주 언제라도 기억할 수 있었는가?

- 나를 위해 내가 원하는 것은 무엇인가? 내 삶 속에 있는 다른 이
  들을 위해서는?

가능한 한 구체적으로 대답하라. 초점과 금주의 결심을 놓치기 시작
하는 것을 알아차린다면, 기존의 연습 가운데서 한두 개 정도 다시 점
검하고 자신을 위한 긍정적인 목표를 재설정한다. 이번 주에는 보다 실
천 가능한 목표 및 부정적인 감정들로부터 자신을 자유롭게 만들겠다
는 장기 목표를 확인한다.

노력하고 있다면 나아지고 있는 것이다

마음챙김 명상은 그 이름이 말해 주듯 근본적으로 마음과 작업하는
과정이다. 그 과정은 말처럼 쉽지 않다. 특히나 힘든 시기에는 그러하
다. 그러나 한편으로, 변화가 일어나는 느낌이 있다. 몇몇 부분들에 있
어서는 장애물을 극복하고 일정 정도의 감정적 자유를 경험할 것이다.
그러나 다른 한편으로는 여전히 갈등하고, 여전히 부정적이고 좋지 않
은 결과를 내놓는 행동을 하고 있을 것이며, 그 행동의 괴로운 결과들
을 경험하고 있을 것이다. 어느 누구도 완벽하지 않다. 그리고 삶 속에
는 다양한 종류의 어리석은 실수와 짐이 들어 있다.

몇 가지 실수를 했다는 것을 알아차릴 때 혹은 감정이나 두려움의

구덩이에서 헤어 나오지 못하고 있다는 것을 깨달았을 때, 십중팔구 낙담할 것이다. 그러나 이때 큰 그림의 전망까지 잃어버려서는 안 된다. 실수했다고 해서 나아진 게 없다거나 인생에서 성공하지 못했다는 뜻으로 받아들일 필요 없다. 마음과 소통하는 한, 어떠한 길을 걸어가든 당신은 나아지고 있는 것이다. (당신이 노력하지 않았던 적이 있기나 했는가?) 오래된 악습을 인식하고 고치려고 노력하는 한, 당신은 그 악습의 힘을 약화시키고 있는 것이다. 보다 행복한 미래를 위한 긍정적인 기반을 다지고 있는 것이다. 이러한 관점에서 볼 때, 실패란 성공을 이루는 한 부분인 것이다. 그렇다는 것을 가끔 놓칠 뿐이다.

감정과 성공적으로 소통하기란 삶이 그렇듯 완벽하지 않다. 휘몰아치는 감정이 문을 두드릴 때마다 그 감정의 본성을 단박에 알아채리라 기대할 수는 없다. 어느 순간에 도달하면 감정의 본성을 알아챌 수 있겠지만, 늘 반드시 되는 건 아니다. 마찬가지로, 수입이 매년 올라가고 사업이 계속 성장하고 다음에 살 집이 지금 사는 집보다 더 커지고 점점 더 탄탄한 미래를 만들 수 있을 것이라고 생각한다면 당신은 이상과 현실을 헷갈리고 있는 것이다. 이렇게 생각하는 것은 실수일 뿐만 아니라, 어떻게 보면 지루하기도 하다. 마치 영화가 시작하기도 전에 결말을 알 수 있는, 판에 박힌 영화를 보는 것과 같다. 실제 삶 속에서는 모든 일이 일어날 수 있고 지금도 일어나고 있다. 이것이 '모든 것은 영원하지 않으며 변한다.'는 사실이며, 이것이 우리의 삶을 모험으로 만들고 있다. 이 말을 기억하고 가슴 깊이 새기는 것이 보다 실질적이며, 용기 있는 일일 것이다.

우리는 전사와 같은 용기를 가지고 이따금 일어나는 패배를 직시하며 받아들이고, 우리의 괴로움과 혼동을 보다 사려 깊고 깨어 있는 존재로 변화시켜야 한다. 권투나 무술 경기의 챔피언처럼 패배를 받아들이고, 마침내 승리를 이루기 위해 그 패배로부터 기꺼이 배울 수 있어야 한다.

가끔은 세상이 우리를 권투장 샌드백으로 보는 느낌이 들 때가 있다. 마치 사방에서 두들겨 패는 것만 같다. 이때야말로 우리가 상실, 실망, 슬픔 그리고 고통이 우리와 모든 이의 삶의 한 부분이라는 것을 기억해야 할 때다. 신념이 자라나면서 그리고 자신의 마음과 소통하는 데 있어 보다 능숙해지면, 실현 불가능한 이상을 좇는 일을 멀리할 수 있을 것이다. 삶을 의미 있게 만들 놀라움과 새로운 기회가 가득한 여행으로 볼 수 있을 것이다. 이 여행이 어떻게 될 것인지, 어떤 것이 될 것인지는 당신에게 달렸다. 만일 진심으로 자신과 세상을 돕고자 한다면, 당신의 자비심을 찬란히 빛나게 하라.

2부

감정을 더 탐험하기:
전통적인 불교적 접근법

12

붓다의
길

—

온 우주에서 오직 한구석만큼은 확실하게 향상시킬 수 있다.
그것은 자기 자신이다.

_올더스 헉슬리(《멋진 신세계》의 작가, 1894~1963)

서양의 친구들에게 감정 소통에 대한 경험을 이야기했을 때 내가 깨달은 것은 그들과 내가 동일선상에서 이야기하기 위해서는 감정에 대한 서구의 관점을 이해할 필요가 있다는 것이었다. 그렇지 않다면 혼동만 더 부추길 뿐이었다.

그래서 나는 심리학자, 심리 치료사, 정신과 의사 등 다수의 친구에게 각자의 전문 분야에서 '감정'을 어떻게 정의하는지 물어보았다. 이를 통해 내가 알게 된 것은 이 전문 직업군 사이에 감정에 대한 단일한 정의가 없다는 점이었다. 무엇을 배우고, 목적이 무엇이었는지에 따라 감정에 대한 아주 다양하고 잠정적인 정의가 있다. 그에 따라 꿈속에서, 노래 속에서 그리고 이야기 속에서 어김없이 나타나는 우리 모두가 가지고 있는 감정들에 대한 다양한 설명이 존재한다. 따라서 우리가 마음과 뇌의 관계 또는 직접 경험, 과학자들이 관찰할 수 있는 무엇인가에 대해 진실로 이해할 수 있기 위해서는 알아야 할 것이 많다.

여기서 나는 전통적인 불교 사상의 관점에서 감정의 지혜와 감정 구출 계획에 대한 가르침의 근원을 설명하고자 한다. 불교 전통은 수천 년에 걸친 철학적 탐구, 사색 그리고 명상에 근거한 마음에 대한 폭넓은 연구를 해 왔다. 이 지혜의 정수는 붓다로부터 끊이지 않은 전승을 통해 그 가르침이 정통적이고 생생하도록 보전되면서 매우 풍부한 경험을 지닌 스승들로부터 열성적으로 배우고자 하는 제자들에게 전승되었다. 여러 시대를 통틀어, 감정을 이해하는 첫 번째 단계는 마음에 대해서 알아 가는 것이다. 기쁨과 눈물로 이어지는 생각과 감정, 희망과 절망의 세찬 소용돌이를 알아 간다는 것을 뜻한다. 그리고 그 소용돌이를 일으키고 있는 것은 바로 '나', 즉 당신이다.

감정이 품고 있는 지혜

붓다의 가르침은 일반적으로 세 단계 혹은 단계적 진보의 가르침[7]이라고 일컬어진다. 각 단계는 인간으로서의 우리의 잠재력의 완전한 각성의 면모를 일깨워 주며, 각 단계마다 정해진 목표를 달성할 수 있는 특정한 방법들을 제시한다. 이 단계들은 감정 구출계획 속에서 부정적이거나, 긍정적이거나, 긍정도 부정도 아니거나, 아니면 편견 없이 우리의 감정을 바라보는 세 가지 방법과 관련되어 있다.

이 여행의 첫 번째 단계는 우리 자신과 개개인의 자유에 집중하는 것이다. 내적인 갈등을 마주함으로써, 우리의 감정에 대해서 강해지고 독립적이 되며 책임지는 법을 배운다. 이 단계는 우리의 문제가 무엇인지 그리고 그 문제를 극복하기 위해 무엇을 해야 하는지 배우는 단계다. 우리는 자신을 괴로움에서 해방시킬 방법을 배우겠다는 굳은 결심을 일으켜야 한다. 우리가 마음과 감정들과 소통하는 데 있어 특정한 힘과 확신을 개발하면, 두 번째 단계에서는 자신에게 하는 것을 다른 이들에게까지 확장시킬 수 있다. 우리의 세계가 점점 커져 관계 맺는 것이 더욱더 중요해지게 된다. 마지막으로 세 번째 단계에서는 의식이 활짝 열리고, 자연스럽게 우리를 둘러싼 생동하는 에너지들과 연결된다.

그렇다면 불교에서 제시하는 이 세 단계 시스템이 감정과 소통하는 데 어떠한 연관이 있을까? 불교 문헌들은 세 가지 원초적인 감정이 있다고 한다. 그 감정은 탐욕, 노여움 그리고 어리석음[탐진치]이다. 우리는 각각의 단계들을 통과하며 이 모든 부정적인 에너지를 승화시켜 그

---

17) 이는 계·정·혜(戒定慧) 삼학(三學)을 지칭한다.

들의 본래 상태인 명확하고, 호의적인 의식으로 돌려놓는다. 한 가지 도움이 되는 수행은 당신의 경험을 매일 점검하면서 언제 이 세 원초적인 감정이 일어나는지 알아차리고 그들이 일으키는 골칫거리들을 인정하는 것이다.

8세기의 불교 스승인 샨띠데바는 다음과 같은 예를 들어 탐욕의 친척인 과도한 집착이 쾌락을 얼마나 엄청난 괴로움으로 이끄는지를 설명한다. 꿀을 발견했다고 하자. 꿀의 향기가 너무 달콤해서 맛보고 싶은 강렬한 욕망이 일어났다. 그러나 문제가 하나 있다. 이 맛있게 생긴 꿀은 먹기 편하게 사발에 담겨 있지 않다. 퍼먹을 수 있는 숟가락이 준비되어 있는 것도 아니다. 이 꿀은 아주 날카로운 면도칼 위에 얹혀 있다. 꿀을 먹으려면 그 날 위를 살짝만 핥아야 한다. 그러나 이 꿀이 너무나 맛있어서 조금 더 먹고 싶어진다. 꿀을 조금 더 세게 핥는다. 그러고 나면 꿀에 대한 욕망이 당신을 완전히 지배할 때까지 강렬한 욕망이 조금씩, 조금씩 일어난다. 더 많이 집착할수록 꿀을 더 세게 핥게 된다. 꿀을 처음 핥을 때의 감각은 즐거움이겠지만, 꿀에 대한 당신의 욕망에 불이 붙으면 핥을 때마다 꿀 아래에 있는 면도날에 당신의 혀가 잘리고 있다는 것을 알아채지 못한다.

노여움과 어리석음에 의해 일어나는 괴로움은 약간 다른 종류의 괴로움이다. 화가 마음을 통제할 때는 약간의 평화도 찾을 수 없다. 몸은 부들부들 떨리고 마음은 격렬히 요동친다. 집중하거나 편하게 쉴 수도 없을뿐더러 편히 잘 수도 없다. 어스름한 방에서 물건을 만들려고 애쓰는 것처럼 수행 역시 막연하다. 감정들이 일어날 때 그들을 보지 못한다. 그 감정들의 영향 혹은 그들이 하도록 이끄는 행동이 무엇인지도 알지 못한다. 당신은 근본적으로 고통과 어리석은 마음 사이의 관계를 인지하지 못한다. 모든 괴로운 마음속에는 어느 정도의 어리석음 혹은 제한된 이해가 포함되어 있다. 그 알아차리지 못함은 불교 수행을 통해 명료한 알아차림과 지혜로 변화한다.

감정이 작용하는 방법을 제대로 이해하지 않는 한, 우리는 그들의 손아귀에 놀아날 뿐이다. 한순간은 행복할 수 있겠지만, 그다음 순간에는 슬프고 외롭게 된다. 감정이 어떻게 바뀔지 미리 알려 줄 일기예보는 존재하지 않는다. 따라서 하루하루 해가 뜰지, 구름이 낄지 전혀 예측할 수 없다.

우리는 왜 그냥 행복해질 수는 없을까? 붓다는 그 원인이 자아에 대한 오해에 집착하고 있기 때문이라고 말한다. 이 자아, '나' 또는 '내가' 개별 우주의 중심이라고 믿지만, 보기는 그럴 듯해도 사실이 아니다. 우리는 실제로 가지고 있지 않은 이 자아라는 것에 과도하게 의미를 부여한다. 예를 들어 이 '나'가 근본적으로 매 찰나, 매일, 한 해, 두 해 동일하다고 생각한다.

"태어날 때부터 바로 지금 이 순간까지, 내가 나 아닌 적이 없었어. 키라던가 몸의 노화, 지적인 성장, 기억과 경험의 축적과 같이 눈에 띄는 변화는 있겠지만, 이처럼 변하는 것들을 초월하는 '나'라고 의식할 수 있는 무엇인가가 있어."

217

여전히 모호하지만 '자아'는 고정되고 변화하지 않는다는 관념에 우리는 집착한다. 그 반대되는 증거들이 있음에도 말이다.

이러한 자아 혹은 개인의 에고를 찾아보는 것이 불교 수행의 중심 수행이다. 우리가 몸속, 마음, 바깥의 하늘까지 아무리 샅샅이 뒤져보아도 절대 찾을 수 없는 것이 자아다. 대신 우리가 찾을 수 있는 것은 경험의 아름답고, 풍부하며, 창의적이고, 역동적인 흐름이다. 감각의 세계와 생각, 느낌 그리고 상상의 흐름을 찾을 수 있다. 어떤 본능적인 상태에서 우리는 우리가 집착하고 있는 것이 영원하고 단일한 어떤 것에 대한 환상에 지나지 않는다는 것을 느낀다. 그것을 내려놓아야 할까? 붙잡고 있어야 할까? 새로운 경험에 더 열중해야 할까? 아니면 우리의 자리를 지키며 싸우라는 에고의 명령을 따라야 할까? 이 의심과 확신의 애매한 상황에서 괴로운 감정들이 일어나 진정한 자신에 대한 직접 경험을 못하도록 훼방 놓는다. 우리는 모순되는 감정과 생각들의 전쟁터에 홀로 선 채, 어쩔 수 없이 전사로 변하는 자신을 발견하게 될 것이다.

13

전쟁터에 선 전사처럼
마음을 지키다

—

적을 친구로 바꿀 힘을 가지고 있는 유일한 힘,
그것이 사랑이다.

_마틴 루터 킹 주니어(인권 운동가, 1929~1968)

감정과 소통하는 첫 번째 단계에서 우리는 괴로운 감정들을 적으로 보고 자신을 전장에 선 전사로 보는 데에 이르렀다. 보통 우리가 '적'이라고 일컫는 누군가는 우리를 해치고, 고통과 괴로움을 주는 존재다. 그러나 이 경우, 우리를 너무나 깊게 그리고 오랫동안 아프게 하는 부정적인 감정은 바로 진정으로 싸울 만한 가치가 있는 적들이다.

적으로서의 감정

자신을 전장에 서 있는 전사로 보는 것은 불교 문헌에 나오는 전통적인 예다.[18] 이 전장에서 당신은 적과 일대일로 맞대면하여 싸울 것이다. 매번 도전해 오는 적들을 주저 없이 강력하게 몰아붙여야 한다. 그렇지 않으면 지고 말 것이다. 노여움, 욕망, 질투, 거만, 무지, 불안, 이 모든 감정들은 당신의 웰빙과 행복을 무너뜨릴 나름의 방법으로 무장하고 있다. 그렇다면 평온한 마음을 위협하는 강력한 감정을 맞닥뜨릴 때, 당신은 무엇을 할 것인가? 감정이 공격을 하는 바로 그 순간에 그것을 부숴버리려는 시도를 해야 한다. 이러한 부정적인 에너지가 당신을 지배하기 전에 그 에너지를 조복시켜야 한다. 당신이 가지고 있는 무기를 가지고 얼마나 잘 싸울 것인지, 얼마나 능숙하게 싸울 것인지는 당신이 얼마나 연구, 사색 그리고 명상이라는 기초 수련을 잘 닦았는지에 달려 있다.

전장에서 경험을 쌓아 감에 따라 당신은 전사의 지혜를 기를 수 있을 것이다. 적의 강점과 약점, 특히 강점에 대한 더 깊은 지식을 가지게 될 것이다. 그러니 적을 절대 얕잡아보지 말라. 전투에 있어 자신의 강점과 약점을 알고 있어야 하며, 보다 깊은 수련이 필요할 때가 언제인지 알고 있어야 한다. 이와 같은 두 가지 지혜로 무장한 당신은 적보다 한발 앞서게 되는 것이다. 감정이 당신에게 반발할 때, 그 감정의 파괴

---

18) 예를 들어, 까말라쉴라는 《수행의 단계》에서 보살은 자비의 갑옷을 입고 지혜의 칼을 든다는 예를 든다.

적 힘을 인지해야 한다. 무엇과 싸우고 있는지 우선 알아야 한다. 알아차림과 깨어 있음을 잃어버리면 순진하게만 보이던 노여움이 갑자기 폭발해서 끔찍한 괴로움을 초래한다.

마음이라는 전장에서 벌어지는 이 전쟁 속에서 당신은 감정이라는 적을 대면하고 있으며, 그 감정적 마음의 지배자인 에고는 당신의 모든 자기중심적인 생각과 행동에서 힘을 얻는다. 이 에고라는 왕의 세 대장군은 욕심, 노여움 그리고 어리석음이라는 세 가지 독이다. 그리고, 적이 떼로 몰려오는 전장의 선두에 당신이 있다. 이들은 에고의 최신식 무기로 무장하고 있다. 그들 뒤에는 이 군대가 물러서지 않고 당신을 향해 전진할 수 있도록 뒷받침하는 기술자들이 있다. 이 시점에서, 이 전장에 있는 사람은 당신 혼자뿐이라는 것을 받아들여야 한다. 그러나 당신은 그곳에 용기와 힘을 가득 충전한 채 서 있는 것이다.

한편 당신은 자신의 약점을 알고 있다. 백전백승할 수 있는 것은 아니다. 적의 힘이 너무 강하고 당신이 그 부정적인 마음의 적장과 그 군대를 물리칠 수 없다면, 도망가야 할 수도 있다. 이따금 가장 현명한 수단이 전략적 후퇴일 때도 있다. 멍청한 전사일 필요는 없다. 죽자고 하는 싸움이 아니기 때문이다.

전장에서 도망친다면 어디로 도망칠 것인가? 명상용 방석으로. 그밖에 어디도 도망칠 곳은 없다. 에고와 그 에고의 힘에 대해서 더 잘 알아야 할 필요가 있을 때 명상용 좌복으로 돌아와 마음이 어떻게 움직이는지에 대해서 더 배워야 한다. 내면을 들여다보고 이 부정적인 감정들이 가지고 있는 무기가 무엇인지, 당신을 정복하기 위해서 그들이 쓰는 간교한 계략이 무엇인지 찾아내야 한다. 자신의 부정적인 마음을 정복하는 것은 사실상 다른 이들의 부정적인 정서를 정복하는 것과 똑같다. 어떻게 그게 가능할까? 당신의 파괴적인 감정들을 이겨 낼 때, 당신은 당신의 세계에 강력한 영향을 끼칠 수 있으며, 다른 사람들 역시 같은 수준의 평화와 평정을 불러올 수 있게 된다. 우리는 지금까지 이러한 영향력을 끼친 사람들의 예를 많이 보아 왔다. 마틴 루터 킹 주니어, 넬슨 만델라 그리고 아웅 산 수지.

그러니 자신을 되살리고 힘을 기를 필요가 있을 때마다, 이러한 전략적 후퇴의 이점을 취하라. 그리고 나서 다시 싸우러 나가라. 전사에게 영원한 후퇴란 없다.

친구로서의 감정

두 번째 단계에서, 전사는 적에 대한 다른 접근 방법을 택한다. 감정을 단순히 부정적인 것으로 보지 않는다. 보다 나은 것을 찾을 때 거부하거나 버려야 할 것으로 보지 않는다. 이제 감정의 긍정적인 면이 있다는 것을 본다. 부정적 감정 에너지와의 소통을 통해 그 에너지를 변화시킬 수 있다는 것을 알아차릴 수 있다. 욕심, 노여움 그리고 어리석음을 완전히 유독한 것으로 보는 대신, 이 에너지들을 통해 이 모든 감정의 혼돈에서 당신을 자유롭게 할 수 있다는 점을 이해한다.

감정과의 수많은 전투 끝에, 오래된 적이 친구로 보이기 시작한다. 맞서야 할 적이 없다면 절대 전사가 될 수 없으리라. 적의 나라가 없다면 정복해야 할 곳도 없다. 그래서 이제 감정이 마음이라는 전장에 일어나기 시작하면, 겁을 먹거나 좌불안석하지 않게 된다. 용기가 그와 동시에 일어난다. 당신 스스로에게 '그 적들을 내게 오게 하리라!'라고 말할 것이다. 사실, 그렇게 말할 수 있다는 사실이 기쁠 것이다. 이러한 강력한 감정들을 매우 자애로운 것들로 보는 것이다. 그 감정들이 불러온 역경들이 당신을 더욱더 강하게 만드는 것이다!

이 지점에서 당신과 감정 사이의 관계가 역전되었다. 당신이 느끼는 충동은 그 감정에 치명적인 한 방 먹이는 것이 아니라 감정과 점점 가까워지는 것이며, 진실한 관계를 맺고자 하는 것이다. 친구를 맺고 싶은 사람들에게 이끌리는 것처럼 욕심과 노여움에 이끌린다. 전사와 적 사이에서 이러한 관계를 발전시키는 것은 약간 위험한 일이다. 이 일은 전사의 지휘하에 있는 모든 종류의 지혜와 방법을 필요로 한다. 그러나 그 결과가 어찌될지는 장담할 수 없다. 우리는 한동안 여전히 적인 것처럼 행동할 수도 있는 아주 강력한 감정을 다루고 있는 것이다. 그러나 감정과 유대 관계를 다짐에 따라, 우리가 그렇게나 강력하게 떨쳐 내려고 했던 에너지로부터 혜택을 얻기 시작할 것이다.

좋은 전사의 목표는 적을 죽이는 것이 아니라 정복하는 것이며 군대와 국민 그리고 적국의 국민에게까지 행복과 기쁨을 불러오는 것이다.

파괴가 목적이 아니다. 목표는 모든 괴로움을 행복으로 바꾸는 것이다. 당신의 가슴이 하고자 하는 바를 성취하는 것은 실제로 적과 얼마나 관계를 잘 맺고 우정을 맺는가에 달려 있다는 말이다. 이 함께함이 전사의 모든 자질과 기술을 풍요롭고 강력하게 만든다.

깨달음의 지혜로서의 감정

감정과 소통하는 세 번째 단계에서, 전사는 감정의 가공되지 않은 힘과 창조성 그 자체가 바로 깨달음의 지혜라는 것을 이해하게 된다. 여기서 우리는 감정 그 자체를 수행의 길로 삼는다. 우리는 그들을 우리 마음의 천연의 지혜를 깨닫기 위해 사용한다. 우리가 도망쳤던 그리고 변화시키려고 했던 화, 질투, 욕심, 공포, 의심, 불안 등 모든 괴로운 마음의 상태가 실제로는 지혜의 다양한 자질을 표현하고 있음을 인지하게 된다. 그 감정들을 멈추거나 바꿀 필요가 없다. 태양 빛을 가리는 구름들처럼 우리의 정서적 마음을 가리는 개념들로부터 그 마음을 분리시킬 수 있다면, 우리는 마음의 깨달은 상태를 실제로 볼 수 있을 것이다.

화, 탐욕, 어리석음, 에고 그 자체 혹은 감정의 어떠한 요소들을 보든, 감정이 주는 메시지는 그 혼돈스러운 에너지가 주는 고통과 불편 이상으로 깊은 것이다. 이들의 생동하는 존재는 자신의 얼굴을 볼 수 있게 해 주는 거울 역할을 한다. 그러나 우리는 어두침침한 방 안에서 거

224

울 앞에 서지는 않는다.

의식은 그 방을 밝히는 빛이며 거울 속에 비치는 당신의 모습을 볼
수 있게 한다. 감정은 에고를 넘어선 당신의 진면목을 볼 수 있도록 도
와준다. 당신이 어떠한 첨언도 하지 않은 채로 단순히 그 진면목을 경
험할 수 있다면, 그곳에는 하나 됨 혹은 온전함의 감각이 있을 것이다.
이때 자신의 얼굴을 볼 수 있을 뿐만 아니라, 그것이 자신이라는 것을
알아차릴 수 있을 것이다.

이 세 번째 단계의 경험은 설명하기 어렵다. 이는 이 초월적인 과정
의 핵심적인 요소들이 개념 분별을 넘어서기 때문이다. 이 시점에서, 전
장에 서 있는 전사는 우주적 차원에 들어가며 심장의 직관적인 이해에
따라 움직인다. 에고와 그의 세 장군들과의 전투는 여전히 진행되고 있
지만 결과가 어떨지는 자명하다. 전사는 드디어 의식의 광활하며 찬란
한 영역이라는 광대한 영토를 자신의 통솔하에 넣는다. 그 영토가 자신
의 것이라는 절대적인 확신이 있다. 이는 더 이상 적의 땅이 아니다. 그
는 이제 그 광대한 영토의 일원이 되었다. 전사가 움직일 때 온 영토가
같이 움직이는 것처럼 느껴진다. 마치 온 세계가 흔들리는 것처럼. 이
전사와 공간의 하나 됨 속에서 당신의 적, 즉 당신을 괴롭히는 감정들과
자기중심적인 생각들은 공간의 우주적 거울에 드러난다. 이러한 다채로
운 이미지들이 그 거울을 약동하게 만들며 더욱더 아름답게 장식한다.
이러한 영상들이 없다면, 거울은 그저 지루한 것에 지나지 않을 것이다.

이 단계에 이르면, 마치 전사가 광활한 영토뿐만 아니라 지구와 바

다 전체를 다스리는 것과 같다. 욕심, 화, 질투의 모습은 바다 위의 파도와 같다. 파도는 바다와 같은 당신의 마음에서 일어나 다시 그 속으로 녹아 들어간다. 전사가 광활한 마음의 바다를 항해함에 따라, 모든 차원의 파도가 일어나서 그의 용기와 신념을 시험하며, 바다를 아름답게 장엄한다. 파도가 항해를 약간 두렵게 만들기는 하지만, 이 파도 때문에 보다 흥미롭고 즐겁기도 하다. 파도가 없는 바다는 정말이지 밋밋하다. 누구도 그런 바다를 항해하고 싶지 않을 것이다. 마찬가지로 개념과 감정이 없는 마음은 정말 아둔하다.

파도로 장엄된 바다는 적들의 모습으로 장식된 전사와 같다. 무슨 뜻일까? 당신의 경험을 '장엄하는' 모습들은 당신의 경험을 풍부하고, 생동감 넘치며, 흥미롭게 만든다는 뜻이다. 전사는 적을 더 이상 적으로 보지 않을 뿐만 아니라 친구로서 대한다. '적'이라는 개념과 '친구'라는 개념을 마침내 초월하여, 당신의 용감한 심장의 일부가 된다. 이때 승리는 자연스레 일어나는 것이다. 승리는 도처에 있다. 승리는 이 환희 넘치는 합일이다. 전사-이 영웅적인 존재는 적이라는 멋진 장식으로 꾸며진 웅장하고 멋진 장엄 속에서 일어난다.

지금 당장은 이 모든 것을 납득하기 쉽지 않을 테지만, 괜찮다. 이는 우리를 신천지에 데려다 놓는 여정이다. 또는 어쩌면 예전에 우리가 갔던 곳으로 다시 돌아가는 과정일 수도 있다. 음식을 맛보고 몇몇 곳을 둘러보았지만 지금은 내 집처럼 느껴지기 시작한 그 나라의 언어를 배울 준비가 된 것이다. 그러니 서두를 필요 없다. 날이 갈수록 이 신선하고 새로운 환경에 익숙해질 것이다.

전사, 영역 그리고 적의 친밀함(혹은 하나 됨)의 느낌은 에고에는 아주 나쁜 소식이다. 동시에 이는 대단히 좋은 뉴스다. 우리가 마침내 찾은 지혜가 우리의 에고 안에 있다는 말이기 때문이다. 이 마음의 여정을 실제로 하는 이는 종국에는 에고다. 마음의 여행은 에고의 여행으로써 시작한다. 이 '용감한 에고'는 자신으로부터 스스로를 해방시키는 모험을 떠나고 싶어 한다. 에고는 에고 없음의 길을 찾고 있다. 자기중심적 사고 속에 일종의 마법이 있는 것이다. 그곳에 지혜가 있다.

똑같은 지혜가 에고가 이끄는 탐욕, 노여움 그리고 어리석음이라는 장군들과 이들의 졸개들 속에도 있다. 그러나 우리가 해답을 위해 다른 곳을 찾는다면 그 마법을 볼 수 없을 것이다. 그 안에서 찾을 때, 어디서건 해답을 찾을 수 있을뿐더러 아직 묻지 않았던 질문에 대한 답도 찾을 수 있을 것이다. 이들은 스마트 폰만큼이나 가까이 있다. 그리고 우리의 삶을 바꾸는 진정한 지혜는 그보다도 훨씬 더 가까이 있다. 우리 밖에 있는 것이 아니라 우리 자신의 감정과 그 감정이 지닌 지혜 그리고 대담하고 아름다운 에고, 그 에고 안에 있는 지혜를 믿음으로써 그 지혜를 찾을 수 있을 것이다.

14

당신이
불교 신자가 아니라 할지라도

—

환경의 변화보다 훨씬 더 필요한 것이
자신의 변화다.

_아서 크리스토퍼 벤슨(작가, 1862~1925)

감정 구출 계획을 행하기 위해서 불교도가 되어야 한다거나 영적으로 끌릴 필요는 없다. 감정 구출 계획은 당신을 불교도로 만들지 않을 것이다. 그러나 이 원칙과 실제적 사용법들이 불교 전통에 근거를 둔 것이라면, 불교 신자가 되지 않으면서도 사용한다는 것이 어떻게 가능할까? 대답을 위해서는 불교 전통 그 자체를 들여다보는 데서 시작하는 편이 도움이 될 것이다. 불교도란 누구이며, '불교의 길 혹은 수행'이라고 불리는 이것은 무엇인가?

불교도가 된다는 것은 당신이 지혜와 자비를 각성시키기 위해 본래부터 있는 잠재된 능력을 개발해 기꺼이 실제로 당신의 마음과 소통한다는 것이다. 이것이 불교의 요체이며, 불교를 정의하는 요소들 가운데 하나다. 불교가 세계 종교들 가운데 주요 종교라 할지라도 붓다의 가르침을 반드시 종교적으로 여길 필요가 없으며, 불교도가 된다는 것도 교회나 여느 종교 단체에 가입하는 것과는 다르다. 물론 보다 신앙에 근거한 방법, 즉 불교를 종교적으로 접근하는 방법도 있고 전 세계에 그런 예들이 많기도 하다. 그러나 붓다의 선례를 진짜로 따른다는 것은 그 이상을 의미한다. 이는 당신의 모든 존재를 훨씬 더 깊은 수준으로 바라보며, 그 온전한 존재를 드러내려고 노력한다는 의미다.

이러한 불교의 관점은 한편으로는 삶의 철학, 다른 한편으로는 마음의 과학에 가깝다. 불교가 마음에 대한 지식을 추구하고, 그로 인해 얻은 지혜를 통해 우리의 삶을 향상시킨다는 면에서 그러하다. 이렇게 수행하는 불교는 아주 간단하며 매우 현실적이다.

이것은 삶 속에서 일을 복잡하게 하는 것이 아니라 오히려 간단하게 만드는 방법이 될 수 있다. 종교도 가끔 그렇게 하기도 한다. 우리의 삶과 세상은 이미 복잡한 것들로 가득 차 있다. 여기에 하나를 더 얹어야겠는가?

궁극적으로 불교 수행은 우리의 본 모습에 대한 것이며 우리의 마음, 감정 그리고 근본적인 잠재력과 소통하는 방법에 대한 것이다. 이 작업을 위해 '바깥 어딘가'로 길을 나설 필요는 없다. 이 길은 어떤 신비로운 산꼭대기까지 오래도록 등반해야 하는 것이 아니다. 평범한 삶에서 동떨어져 있는 것이 아니다. 이 길은 우리가 누구인지, 무엇인지를 탐구하는 것이며, 오래된 부정적인 습관을 끊어 내 우리의 가장 긍정적인 자질들을 빛나게 할 수 있는가를 찾는 것이다.

여기서 중요한 포인트는 삶과 수행을 분리시키지 않는 것이다. 처음 시작할 때에는 이 둘이 서로 다른 것처럼 느낄 수도 있겠지만, 삶과 수행을 함께 하는 것이 이 여정을 하며 경험하는 것에 아주 큰 차이를 만든다. 처음에 당신은 이렇게 생각할 것이다.

"좋아. 이게 나야. 이게 내 삶이지. 그리고 '수행의 길'이라는 건 내 삶에 들어갔다 나갔다 하는 바람 같은 것이지."

이렇게 생각할 때 수행의 길은 마치 파티에 가는 것처럼 일상성 밖에 있는 특별한 무언가로 취급된다. '좋아, 이제 방에 가서 명상을 하자.' 이렇게 생각할 때, 그 방을 나서자마자 '나와 내 삶'으로 다시 돌아가고 '수행의 길'은 어디서도 찾을 수 없게 된다. 계속 이렇게 된다면 불교의 가르침을 제대로 이해하지 못한 것이다.

불교에서 수행의 길은 가장 깊은 괴로움에서 우리를 자유롭게 해 줄 자신에 대한 지식을 다양한 방법으로 가르친다. 이 괴로움을 일으키는 것은 마음의 명료한 본질을 보는 것을 가로막는 혼동의 장막들이다. 이 혼동만이 우리가 타고난 사랑과 연민, 자비에 대한 실천을 막고 있는 것이다.

붓다 워크숍: 마음 갈고 닦기

붓다는 마음과 소통하는 8만 4천 가지 방편을 가르쳤다고 전해진다. 붓다는 만인을 위해 유용한 도구 상자를 남긴 것이다. 이 정도 크기의 상자라면 다양한 상황에서 사용할 수 있는 온갖 종류의 도구를 찾을 수 있을 것이다. 만일 나사못이 느슨해지면 십자 드라이버가 필요할까, 일자 드라이버가 필요할까? 알맞은 도구를 쓰지 않는다면 일을 제대로 끝낼 수 없는 데다 상황을 악화시키기까지 할 수 있다. 나사못을 망가뜨리거나 멀쩡한 벽에 구멍을 낼 수도 있다. 도구를 제대로 쓴다면야 아주 간단한 일이다. 그러나 도구들이 공구 상자 밖으로 튀어나와 알아서 그 일을 해 주지는 않는다. 그렇지 않은가? 당신 손으로 그 일을 끝내야만 한다.

마음과 소통하는 데 대한 붓다의 모든 가르침은 특정한 종류의 문제를 고치기 위해 사용할 수 있는 단순한 공구들이 아니다. 우선 우리는 이 공구들을 손에 넣어야 하고, 각각의 공구들이 어떠한 용도에 쓰이는지 파악하고서야 공구를 어떻게 쓰는지 배울 수 있다. 그뿐만이 아니다. 때가 다가오면, 즉 혼란스러워지기 시작하고 우리가 약간 불안하다고 느끼는 때가 오면 적절한 공구를 사용해야 한다.

이처럼 붓다의 가르침은 병원 대기실에서 읽는 잡지와 같이 스스로 할 수 있는 방법을 가르쳐 주는 일종의 자력 프로젝트 같은 것이다. 이러한 설명서들을 따라 하면서 우리는 마음과 감정의 진짜 모습이 무엇인지 서서히 이해하게 되며, 그것이 우리 개개인의 직접적인 경험이 될

231

때까지 그 지식을 흡수하기 시작한다.

마침내 그 경험이 익숙해지면, 이는 언어로는 표현할 수 없는 깨달음에 이를 때까지 심오해진다. 책을 읽고 단어들을 이해하고 그 단어들이 무엇을 뜻하는지를 경험한 뒤 풍요롭고 더 힘찬 삶을 삶으로써 그 의미를 몸으로 체험하는 것과 마찬가지다.

우선 가르침을 듣고 책을 읽고 토론 강의를 듣는 데서 이해가 발전하기 시작한다. 이는 붓다의 마음에 대한 가르침을 명확하게 개념적으로 이해하는 것으로 이끌며, 당신은 이 개념적인 마음 자체가 밝고 투명한 자질을 가지고 있다는 것을 이해하게 된다. 이는 아무렇게나 모인 잡다한 생각의 집합이 아니다. 학습을 통해 얻은 이해에 대해 시간을 가지고 숙고할 때, 경험이 일어난다.

그저 마음에 대해 계속 생각만 하는 것이 아니다. 우리는 지식을 실천에 옮긴다. 화가 어떻게 작용하는지 공부한 뒤에, 지금까지 배워 온 것을 자신의 화의 경험에 실제로 적용한다. 우리의 지식과 경험의 부싯돌을 지혜의 불꽃을 일으킬 때까지 서로 부딪쳐야 한다.

이때가 명상하기 알맞은 때다. 명상은 진정한 깨달음이 일어날 수 있게 해 주는 완벽한 환경이다. 깨달음은 지혜의 불꽃이 타오르고 모든 혼란스러운 생각들이 그 지혜의 불꽃에 다 타 버렸을 때 일어난다. 시간을 거듭하며 이곳저곳에 많은 불꽃을 일으킬 수 있다. 이 불꽃들은 나타났다가 사라지곤 하지만, 불길이 솟기 시작하면 감정의 지혜라는 깨달음은 영원히 남아 있다.

여기서 우리가 이야기하는 명상 수행은 좌선 혹은 앉아서 하는 명상이다. 아주 다양한 명상의 방법이 있다. 몇몇 명상은 진언을 암송하거나 붓다의 모습을 관상하기도 한다.

그러나 앉아서 하는 명상에 대한 붓다의 가르침은 간단하다. 그저 앉는 것이다. 긴장을 이완한 채로 등을 곧추세운 자세를 유지하면서 눈을 지그시 뜨고 호흡을 따라 하는 것 외에 할 것이 없다. 생각이 일어나면, 그 생각을 내려놓는 것이다.

명상에 대하여 조금 더

우리는 어제 무엇이 일어났는지, 앞으로 10년 동안 무엇이 일어날지에 대해 끊임없이 생각하는 데 익숙해져 있다. 우리는 쉴 틈 없이 과거와 미래를 오가는 정신적 시간 여행자다. 현재의 순간에 머무는 것이 불편하다. 현재에 머무느니 육체적으로, 아니면 정신적으로라도 뭔가를 하느라 바빠지려고 한다. 따라서 시작할 때에 이 앉아 있기만 하는 수행은 되레 혁신적이다. 이 명상법은 일상의 스트레스와 불안을 내려놓게 하는 최선의 방법이며, 절대 완전히 사라지지 않는 불안을 가라앉히는 최선의 방법이다.

명상의 요점은 우선 끊임없이 이것저것 하느라 분주한 일상의 습관을 바꾸는 것이다. 아무것도 하지 말고 가만히 앉아 있는다. 당신이 이 순간 해야 할 것은 당신의 마음을 바라보는 것이다. 주의가 흐트러질 때마다 주의를 다시 환기시키면서 마음챙김을 하며 마음을 관찰할 수 있을 때 오래된 습관은 잠깐, 살짝 모습을 보이는 것 빼고는 할 수 있는 게 거의 없을 것이다. 이는 아주 큰 변화다.

좌선에 익숙해지면 일종의 열림과 광활함, 명료함과 빛남의 감각을 경험할 것이다. 이러한 경험은 본래 마음의 상태이며, 당신 마음의 본성이다. 명상을 하며 보이는 대상에 마음을 잠깐 내려놓거나, 의식을 들숨과 날숨에 주의를 조용히 집중해서 마음이 안정을 취할 수 있도록 돕는다. 이것이 훨씬 더 친밀한 수준에서 자신을 알아 가는 방법이다.

단지 앉아서 마음, 생각의 일어나고 사라짐, 감정 그리고 감각을 바라본다. 이 모든 것을 살피고 사라지도록 내버려 둔다. 일어나는 대상에 아무런 대응을 하지 않아도 된다. 상황을 바로잡을 필요도 없고, 질문에 답할 필요도 없으며, 그들을 평가하거나 이름을 붙이거나 해결할 필요도 없으며, 가두거나 칭송하거나 벌을 줄 필요도 없다. 이는 가볍게 건드리고 떠나는 과정이다. 생각을 덜 건드릴수록 생각도 당신을 덜 괴롭힐 것이다.

마침내 당신은 자신의 마음을 잘 알게 될 것이다. 무엇이 마음을 부추기며, 무엇이 마음을 안정시키는지 볼 수 있을 것이다. 마음과 서서히 친구가 될 때까지 마음이 끊임없이 움직이는 동안 당신은 마음의 소리를 들을 것이다. 자기 방법 버리기를 완강히 거부하는 것이 마음의 성향임을 발견할뿐더러, 지혜, 창의력 그리고 연민이라는 마음의 능력 또한 발견하기 시작할 것이다. 우리는 마음이 분주하고 종종 스트레스를 받는 것은 자연스러운 것이라고 여기지만, 이 마음은 우리가 전혀 알아차리지 못했고 상상조차 하지 못했던 풍부하고 강력한 자질을 가지고 있다.

이렇게 내면을 들여다볼 때, 당신은 감정의 창의적이며 기운찬 영역에 들어가는 것이다. 이렇게 하면 감정이 마음에 일어날 때마다 그 감정을 다른 감정으로부터 재빨리 구별해 낼 수 있을 것이다. 감정은 흐릿하고 커다란 무엇인가가 아니다. 그리고 이 모든 능력은 아이들이 노는 것을 지켜보거나 구름이 떠가는 것을 바라보는 것처럼 단순히 앉아 마음에 무슨 일이 일어나는지 살피는 데서 비롯된다.

마음에 대한 붓다의 가르침을 조금이라도 듣고 그 의미에 대해서 명상할 때, 공구 상자를 열고 그 도구들을 어떻게 쓰는지 배울 수 있을 것이다. 약간의 명상 수행으로도 마음을 안정시키거나 일깨우거나 차분하게 하는 등 마음과 소통할 수 있다는 것을 깨우칠 것이다. 당신이 마음의 주인이라는 것을 알아차리기 시작하고, 당신이 걷고 있는 수행의 길이 진실하다는 것을 깨닫기 시작할 것이다. 무엇인가가 당신의 가슴속에서 약동하고 있다. 감정을 탐험하는 일이 더욱더 흥미진진해질 것이다.

어머니가 들려준 이야기

어머니가 이런 이야기를 해 준 적이 있다. 어머니는 인도에서 생전 처음 친구와 영화를 보러 갔다고 한다. 인기 있는 인도 배우가 주연인

영화였다. 그 영화에서, 착한 주인공이 악당들에게 고문을 당했다. 악당들은 그가 피를 흘리며 온 몸에 상처를 입을 때까지 두들겨 팼다. 악당들은 주인공을 더 괴롭히기 위해 상처에 소금을 문지르기로 했다. 그러자 어머니의 친구는 그 잔인함에 너무나 화가 난 나머지 일어서서 "안 돼! 안 돼! 안 돼! 그만! 하지 마!"라고 소리를 질렀다고 한다. 극장에서 비명을 질렀다는 것이다.

이처럼 현실이 아닌 또 다른 실재에 자신을 잃어버리기란 너무도 쉽다. 처음에 우리는 우리가 영화를 보러 갈 것을 안다. 영화가 사실인 척한다는 것도 안다. 그러나 시간이 얼마간 지나면 우리는 스크린에서 보고 있는 것을 사실처럼 믿기 시작한다. 사실 우리는 그렇게 몰입할 수 있는 영화가 좋은 영화라고 생각한다. 그 액션에 몰입해 영화 제작자의 환영 속에 들어와 있음을 망각한다. 이제 그의 환영은 우리의 환영이 되었다. 감정의 드라마 속에 갇혀 스크린에 투영된 빛에 대고 우리는 소리를 지르게 된다.

문제는 그 환영을 어떻게 다룰 것인가이다. 어떻게 우리가 늘 얽혀 있는 거미줄에서 탈출할 수 있을까? 출구 전략이 필요하다. 출구 전략은 무엇일까?

우리의 마음을 직접적으로 만날 수 있는 곳은 명상이다. 명상 속에서 우리를 괴롭히는 습관적 성향들을 탈바꿈시킬 수 있다. 이렇게 깊이 인이 박여 있는 것들을 명상 속에서 한 번 마주했다고 바꿀 수 없겠지만,

명상이 그 변화의 과정에 불을 붙일 수 있다. 우리가 일상에서 경험하는 모든 생각과 감정, 삶의 기복, 충격과 혼동 등을 단순히 명상의 경험으로 불러올 수 있다. 그렇지 않으면 이 과정을 시작하면서 감정적 습관을 바꾸는 데 있어 무엇을 해야 가장 효과적일지 파악하기 힘들어질 것이다.

'아하, 내 옛 애인이 새로운 애인이랑 같이 있네.'

명상에서 닦아 왔던 모든 차분함과 깨어 있음이 이런 상황이 일어날 때의 부정적인 성향을 변화시킬 힘을 길러 줄 것이다. 오랜 시간 부단히 수행하면 이 변화의 과정이 어렵지 않게 될 것이다. 과정에 대해서 그다지 생각하지 않아도 될 것이다.

하루의 끝에서

하루가 끝날 때까지, 마음과 소통하기 위해 갈고 닦아 온 것을 쓰지 않는다면 공부와 성찰에 어떠한 도움도 되지 않을 것이다. 만일 우리가 해 온 모든 것들이 책 몇 권을 읽고 모든 페이지에 있는 단어들에 대해서 생각한 것이라면, 근사한 레스토랑에 가서 멋진 음식을 주문을 하긴 하지만 실제로 먹지는 않는 것과 같다. 허기는 절대 그렇게는 채워지지 않을 것이다.

마찬가지로, 명상을 직접 수행하지 않고서는 마음의 본성을 진짜로 맛보는 지점까지 갈 수 없다. 감정의 진정한 본성인 지혜를 제대로 알고 즐길 줄 아는 곳까지 절대 가지 못할 것이다. 이런 경우, 지식은 그저 악화惡貨에 불과하다.

물론 더 필요할 때도, 덜 필요할 때도 있다. 당신이 행복하고 건강할 때는 주머니에 돈이 별로 없어도 크게 걱정하지 않을 것이다. 그러나 두려움과 분노로 하루하루를 고군분투하고 있을 때 혹은 크나큰 상실로 낙담해 있을 때는 이야기가 전혀 달라진다. 그리고 우리 모두가 도움을 가장 필요로 할 때는 죽음을 앞두고 누워서 흰 천장을 바라보고 있을 때다. 모든 집착과 후회, 공포가 문을 두드리고 있을 때 누가 당신을 위해 거기에 있어 줄 것인가?

운이 좋다면야 사랑하는 가족과 친한 친구들의 도움을 받을 수 있을 것이다. 그러나 그때 가장 듬직하고 믿을 만한 친구는 당신의 마음이다. 아주 특정한 단계를 지나면, 어느 누구도 그 여정을 함께할 수 없다. 어느 누구도 삶의 마지막을 향해 가는 길목에서 당신이 무엇을 느끼는지, 무엇을 보는지 알 수 없다. 죽음의 순간과 그 너머에 있는 것은 당신과 당신의 마음뿐이다. 당신의 마음에 대해서 더 많이 아는 만큼 무엇이 마음을 안정시키고 긴장을 풀게 하는지 더 잘 알 수 있다. 이것이 명상을 통해 마음을 보는 것이 중요한 이유다. 당신의 마지막 한 생각이 당신을 자유롭게 해 줄 그 해법이다.

만일 마음과 소통하는 데 진정으로 익숙해진다면, 당신이 필요한 것은 오직 그것뿐이다. 당신을 구해 줄 누군가는 필요치 않다. 당신은 지

혜와 힘이라는 도구를 가지고 있다. 어떤 감정이 나타나 당신을 힘들게
한다 할지라도 이 도구로 완전히 바꿔 버릴 수 있다.

15

마음이라는
판도라의 상자 열기

—

우리를 운명의 순간으로 이끄는 것은
우리의 가슴이다.

_이자벨 앨런드(《조로》의 작가, 1945~)

감정과 소통하기 시작할 때는 이전에는 전혀 돌아보지 않았던 곳들에 빛을 비추어야 한다. 이는 판도라의 상자를 여는 일처럼 두려울 수 있다. 무엇이 안에 들어 있는지는 알 수 없다. 우리가 통제할 수 없는 어두운 힘을 끄집어내게 될까, 아니면 다시 처박아 둘까? 거기에서 근사한 보물을 발견할 수 있을까?

'마음'이라는 이 상자를 열면, 온갖 종류의 것들을 찾을 수 있다. 그 안에는 너무나 많은 생각, 지각, 기억, 판단, 마음가짐, 이름 그리고 개념이 뒤죽박죽 섞여 있다. 새로운 것, 오래된 것, 능동적인 것, 수동적인 것도 있다. 몇몇은 부엌의 지저분한 찬장 같을 것이고, 다른 것은 정리 정 돈이 잘 되어 있다. 가구 매장의 물건처럼 모든 것이 캐비닛에 정리되 어 있을 것이다. 어느 쪽이든, 우리는 이미 형성된 개념과 판단이라는 필터를 통해 경험을 처리함으로써 이 컬렉션을 늘려 나간다. 정도의 차 이가 있을 뿐 우리는 페이스 북, 블로그 그리고 트위터 포스팅의 렌즈 를 통해 순간순간의 경험들을 해석하려고 한다.

거기에는 또한 어떠한 과정도 거치지 않은 직접적인 경험이 있다. 이는 우리의 세계와 매우 가까운 조우이며, 어떠한 개념에도 걸러지지 않은 경험이다. 당신과 그 텍스트 메시지 사이에, 당신과 아이의 목소리 사이에 아무것도 놓여 있지 않다. '좋다.'와 '나쁘다.' 같은 지금 이 순간 의 경험의 생생함을 흐릿하게 만드는 어떠한 개념도 없다. 단순한 직접 지각의 순간이 있고, 그 이후에 생각이 따라온다. 예를 들어, 눈으로 대 상을 보고 난 뒤에 마음이 꽃 또는 자전거라고 부른다. 그 생각 바로 직 전에, 온전한 인간적 관계를 지닌 원초적인 경험의 감각이 있다. 우리는 이 마음의 원초적인 경험을 '원시적'이라고 한다. 이렇게 말하면 굉장히 오래된 것 같다. 어딘가 굉장히 먼 과거, 공룡이 지구를 걸어 다녔던 때 를 이야기하는 것 같다. 그러나 그런 뜻이 아니다. 여기서 뜻하는 원시 성은 '바로 지금, 바로 이 순간'이다. 누군가의 의견이나 직접 지각 혹은 생각의 인지(의견)에 기반을 두지 않은 직접 경험.

이 직접 지각 뒤에 일어나는 모든 생각의 과정, 이름표, 개념은 우리 의 경험을 매우 비좁은 터널 속에 가두거나 끼워 넣는 방법을 가지고 있다. 그렇게 되면 터널 비전만 가지게 된다. 당신이 볼 수 있는 것은 당신의 생각이 들려주고 싶은 것뿐이다. 당신은 당신의 생각이 냄새 맡게 해주고 싶은 것만 맡는다. 다른 감각들도 이러한 과정을 거친다. 이는 붓다가 마음과 소통하는 방법으로 가르친 것과 정확히 대척점에 서 있다. 붓다는 꽃을 볼 때 그저 꽃만 보라고 가르쳤다. 단순하다. 어떠한 것도 덧붙이지 않는다. 그리고 음악을 들을 때는, 그저 들으라고 가르쳤다.

일상 속에서 우리는 보통 이러한 신선한 경험을 놓치고 산다. 우리는 주로 그 순간을 지나치고 다음 차례의 여과된 경험이 들어설 때 알아차린다. 우리는 희망, 걱정 그리고 의견을 위해 거기에 있지만, 첫 순간의 순수하고 직접적인 접촉이 일어날 때에는 어딘가에서 다른 생각에 잠겨 한눈을 팔고 있다.

어째서 이 직접 경험이 중요할까? 직접 지각은 우리에게 보다 정확하고 올바른 정보를 준다. 이러한 종류의 지식은 우리가 감정 구출 계획을 실행하는 데 필수적이다. 이 직접 경험은 또한 더 상쾌하며 기운찬 것이어서 하늘의 진짜 색깔 혹은 직장에 일을 하러 가기 전에 입은 셔츠의 진짜 색깔을 볼 수 있도록 해 준다.

붓다는 감정을 어떻게 보는가

붓다의 가르침에 따르면, 우리의 감정들은 거대한 에너지 장, 광활한 생생함, 아름답게 빛나며 충만한 불꽃 속에서 노닌다. 그리고 에너지 장은 어떠한 고정된 색이나 모양이 없는 순수한 물과 같다. 이것은 깨끗하고, 투명하며, 생기가 넘친다. 그 뒤로 생각이 치고 들어와 이 깨끗한 에너지 위에 이름표, 판단 그리고 이야기들을 덧대기 시작한다. 각각의 생각은 마치 물과 섞일 때 색을 뿜어 내는 염료 한 방울과 같다. 이 순수한 마음의 청정한 에너지가 생각과 섞이면 무엇을 얻을 수 있겠는가? 마음은 매우 다채롭고, 화사하고, 표현이 넘치게 된다. 이것이 우리가 '감정'이라고 부르는 것이다.

실제로는 비타민이 들어 있지 않은 보라색과 분홍색의 비타민 음료수와는 다른, 이 잠재력 충만한 감정 음료에는 무엇이 들어 있을까? 이 안에는 오직 두 가지 재료만 들어 있다. 에너지와 관념. 밝고 생기 넘치고 영양분 가득하며 지속적인 것이 에너지이고, 그 에너지에 색깔과 맛까지 입히는 분별적인 것이 생각이다. 그게 전부다. 이 둘을 한꺼번에 섞으면 진짜 에너지 드링크가 되는 것이다!

에너지와 개념이 함께하면 분별심은 관계없는 현상들을 연결 짓기 시작하고, 우리는 그저 그 과정을 따라간다.

"내 행운의 셔츠 빨지 마! 오늘 중요한 경기가 있단 말이야!"

"전학 온 애가 어떻게 나보다 나은 성적을 받을 수 있지? 커닝 한 게 분명해!"

이것이 우리가 없는 일들을 꾸며 내는 방법이다. 우리의 분별적인 마음은 이 천연의 에너지에 색깔과 맛을 주는 데 있어 굉장히 똑똑하다. 그 에너지에 머물 장소를 줄 만큼 똑똑하기도 하다. 실제로 감정 에너지는 머물 장소가 없기 때문이다. 감정 에너지는 명료하며 열려 있고 광활하며 빛나는 에너지의 장으로, 어떠한 한계도 없다. 따라서 머물 장소가 없는 것이다. 이 에너지는 모든 개념 이전에 일어나며, 어떠한 준거점에 앞서 존재한다. 이 에너지 안에 나, 너, 여기, 거기 따위는 존재하지 않는다. 따라서 우리의 분별심이 해야 할 일은 한곳에 붙잡아 두는 것이다. 우리의 생각이 소화시킬 수 있는 무엇으로 바꾸는 것이다. 따라서 이 분별심은 이 열린 에너지에 머물 장소를 정해 주며, 일종의 관계도 만들어 준다.

이 분별심이 없다면 우리는 세상에서 완전히 길을 잃을 것이다. 모든 것이 괜찮다고, 우리의 세계가 의미 있다고 느낄 수 있게 해 주는 결정적인 요소는 장소와 관계다. 그리고 이것이 구글이 그렇게 중요한 이유다. 만일 당신이 어디에 있는지 모른다면, 스마트 폰을 꺼내 보라. 구글 맵을 열고 '내 현재 위치'를 찾아보라. 구글이 당신이 어디에 있는지, 어느 방향으로 가고 있는지 알려 줄 것이다. 이것이 우리의 분별적인 마음이 늘 하고 있는 것이다. 이 분별심은 우리와 다른 이들이 있을 수 있는 장소를 포함한 접근 가능한 현실이라는 느낌을 발전시킨다. 이 분별의 마음은 우리로 하여금 모든 종류의 길들을 앞뒤로 이어 놓게 만든다. 이 모든 것들이 어우러지면서 우리의 정서적 마음이 보다 강렬하게 다채롭고, 선명하며, 화려해진다. 이러한 감정의 자질은 청량음료의 톡 톡 쏘는 거품과 같다. 이것이 꽤나 밍밍하고 맛없는 음료수를 그럴싸하게 만드는 과정이다.

감정이 우리의 삶을 이끄는 포스라는 것에는 의심의 여지가 없다. 화, 질투, 욕심, 공포…. 하지만 우리의 감정을 제대로 들여다보면 '화' 또는 '욕심'이라고 불리는 독립적인 실체를 찾을 수 없다. 에너지와 분별 개념, 이 두 가지밖에 없다. 그 어떠한 것도 실체를 가지고 있거나 독립적이지 않다. 우리가 붙잡고 있을 수 있는 것은 아무것도 없다.

늘 하던 대로 한바탕 (에너지 더하기 분별 개념인) 화를 낼 때, 이것은 에너지의 불안정하며 서로 충돌하는 자질의 표현이다. 이 둘이 함께 튀어나올 때 그 표현은 둘 중 하나다. 거칠거나 부드럽거나 부정적이거나 긍정적이거나. 그런데 그 화의 에너지 레벨을 순수하게 바라본다면, 이 화의 본성은 연민이라는 것을 발견할 것이다. 온화함, 온기 그리고 열려 있음의 기초적인 감각 그리고 아주 강력한 창의력의 경험이 이 화라는 에너지 장에 있다.

언젠가 나는 내가 속해 있는 닝마빠의 연로하신 스승의 가르침을 화상으로 보고 있었다. 그 스님은 붓다의 공성에 대한 고전적인 가르침인 《반야심경》을 가르치고 계셨다. 《반야심경》은 모든 현상이 공하다는 것, 독립적인 자성이 없다는 것을 매우 아름답게 그려 낸다. 스승님은 감정이 얼마나 나쁘고 부정적인 것인지 말씀하기 시작하셨다. 우리가 반드시 감정을 극복해야 하고 그들의 자성이 공하다는 것을 깨달아야 한다고 하셨다. 그러자 가르침을 받던 어떤 서양 제자가 물었다.

"모든 감정을 놓아 버린다면, 어떻게 우리가 창의적일 수 있죠?"

매우 타당한 질문이었다. 가장 현대적인 문화들은 감정이 창의성에 이바지한다고 이해한다. 우리는 이러한 다루기 어려운 감정들이 영감을 준 음악들을 넘치도록 알고 있다. 블루스, 컨트리 그리고 록을 들어 보라! 실망, 후회, 그리움, 질투, 비난, 이 모든 것들이 거기에 있다. 우리의 욕망에서 나오는 모든 희망과 두려움이 거기 있다.

내 제자 가운데 하나는 클래식을 좋아한다. 그녀는 한동안 내가 약속이 있거나 해야 할 일이 있을 때 나를 위해 운전해 주었다. 그녀는 베토벤, 슈베르트 등의 음악을 쉴 새 없이 들었다. 그래서 내가 좋아하는 미국의 록 그룹 건즈앤로지즈를 듣는 대신, 별 수 없이 클래식을 들어야 했다. 그러다 나는 클래식 음악이 아주 강력하게 효과적이며, 너무나 순수하고 직접적이며, 단순히 연민이라는 똑같은 정서에 대한 색다른 접근 방법에 불과하다는 것을 깨달았다.

감정은 창의성의 원천이라는 것은 맞는 말이다. 그러나 창의성의 진정한 원천은 어떠한 분별 개념도, 생각도, 이름도 붙여지지 않은 이 순수한 에너지다. 이는 분별 개념과 에너지의 조합이 아니라 순수한 의식과 에너지의 조합의 순간이다. 이 순간의 바로 직전이나 직후에 몇몇 이름표를 붙이려는 생각이 일어날지도 모르지만, 바로 그 순간에는 어떠한 이름표도 없다. 이것이 모든 진실한 예술가들이 당신에게 말하는 것이다. 화가가 그림을 그릴 때, 거기에는 붓이 그저 흐르는 그리는 순간이 있다. 시인, 조각가 그리고 물론 음악가도 똑같은 경험을 한다. 우리 모두의 내면에 살고 있는 이 영감을 불러일으키는 '뮤즈' 혹은 영감의 형상의 느낌이 거기에 있다. 영감의 여신이 우리를 방문할 때, 의식적인 노력 없이 창의적인 힘이 저절로 움직인다.

때로는 강렬한 감정이 이 경험을 촉발시킬 수도 있다. 강렬한 욕망, 강렬한 분노와 같은 것들 말이다. 그러나 그 영역에 들어가면 굉장히 조심해야 한다. 그 에너지와 소통할 수 있을지 확인해 보아야 한다. 기억하라. 바로 거기에는 두 요소가 공존한다. 분별 개념 역시 그 에너지와 함께 춤추고 있다. 만일 그 둘을 다른 것들로 알아차릴 수 없다면, 분별 개념에 빠져 창의성을 잃게 될 것이다. 그렇게 되면 절망할 수밖에 없다. 그러나 그 에너지와 어떻게 접촉할 수 있는지 알고 있고, 당신의 생각으로 그 에너지에게 어떠한 형태를 주겠다는 생각을 버린다면, 그 에너지는 아름답게 빛나는 경험이 될 것이다. 이러한 순간들에 일어나는 현상은 개개인마다 다를 것이다.

이야기를 계속 하자. 화상으로 그러한 질문을 받은 노스님은 이렇게 말했다.

"아, 그렇지 않지. 모든 감정은 나쁜 것이야. 감정은 사라져야 해. 감정은 바뀌어야 해."

감정에 대한 동서양의 이해의 차이를 볼 수 있을 것이다. 그러나 붓다의 가장 기본적인 가르침에 비추어 볼 때, 거기에는 어떠한 차이도 없다. 문화적으로 우리는 많은 다른 관점, 의견 그리고 경험을 가지고 있으며, 그것이 우리가 해석이라고 부르는 것이다. 붓다의 가르침에 대한 다른 해석들이 존재한다. 이 책은 나 자신의 해석을 대표하는 것이다. 그리고 내 가르침은 닝마빠와 족첸(대완성大完成)의 전통에서 나온《보현보살의 서원》과 같은 금강승 혹은 밀교 전통의 가르침과 마하무드라(대인大印) 전통의 가르침 양쪽에 기반을 둔 것이다. 여기에 소개된 감정에 대한 내 생각은 이 두 가지 전통을 기본으로 한 것이다. 금강승의 견지에서 보자면, 이 밝고 명료하며 창의적인 에너지야말로 감정의 본 모습이다.

16

에고의
균형 회복하기

—

명성은 많은 것을 바꾸지만,
전구를 바꾸지는 못한다.
_길다 래드너(코미디언, 1946~1989)

　일상의 삶을 사는 우리가 누구인지에 대해 솔직하고 정직할 수 있다
면 자기 신뢰를 기르는 데 있어 멋진 출발점이 될 것이다. 여기서 신뢰
란 우리가 가고 싶어 하는 데라면 어디든 가서 성취하고 싶은 것을 가
질 수 있겠다는 확신을 주는 신뢰를 말한다.

　우리가 직장을 다니기 시작하면, 성공하기 위해서 혹은 살아남기 위
해서 자신을 세상에 어떻게 보여 주는지를 배워야 한다. 사회생활과 일
상생활은 우리의 공적인 이미지에 달려 있다. 우리는 이 공적인 이미지
에 오래 익숙해져 있어서 가끔은 공적으로 전시하는 나의 어느 부분이

'나'이고 어느 부분이 내가 만들어 내려고 최선을 다하는 부분인지 헷갈리게 된다. 이는 새로운 상황은 아니다. 우리가 가진 문화의 시대와 위상에 의해 고양된 인간의 조건이다. 문제는 우리가 종종 자기 중요성의 감각에 너무나 많은 것을 먹인 나머지 과장된 자만으로 한껏 불어터진 에고 속에서 길을 잃는다는 것이다.

그렇다고 해서 자신을 억누르거나 질책할 필요는 없다! 중요한 것은 자신을 폄하하는 것이 아니라 자신의 본 모습을 현실적으로 보고 우리의 상황에 대한 존경, 감사 그리고 기쁨의 감각을 기르는 것이다. 그리고 다른 사람에게도 똑같은 존경과 감사의 느낌을 품는 것이다. 유머 감각을 가질 수도 있다. 이 한껏 부풀어 오른, 지나치게 과장된 자아는 마치 뉴욕 메이시백화점에서 추수감사절 퍼레이드에 내놓은 거대한 바트 심슨 풍선과도 같다. 내가 본 그 풍선은 5층 높이였다! '진짜' 바트 심슨은 (만일 우리가 그렇게 말할 수 있다면) 자그마한 소년이다.

다른 이들을 바라볼 때도 마찬가지다. 우리는 타인의 자질을 부풀려서 보는데, 특히나 부정적인 면을 과장되게 본다. 우리는 자신과 자신의 '우월한' 자질을 사랑하며 다른 이들의 부족한 자질들을 보면서 약간의 즐거움을 느낀다. 이는 우리의 불안한 감정에서 일어나는 일방적인 사랑이다. 거기서 나온 이 불안정한 감정들이 가장 큰 승자다.

불교의 가르침에 따르면, 관계의 균형을 회복하기 위해 해야 할 것은 우리가 생각하는 그 사람보다 낮추는 겸손한 자세다. 현실을 자각해야 한다. 티베트 격언으로는 "더 높이 올라갈수록 더 세게 떨어진다."와 같다. 다른 나라에도 비슷한 격언이 있으리라 생각한다.

이 격언이 의미하는 바는 다음과 같다. 우리가 최고가 된다면 정말 기쁠 것이다. 그러나 그곳의 공기는 더 희박하고 우리가 발을 붙일 땅은 그다지 넓지 않다. 유명인이나 정치인이 언제나 우리에게 보여 주는 것은 유명해지고 힘을 가질수록 지위는 더 불안해진다는 것이다. 지위가 올라갈 때, 다른 사람들이 당신을 좋아하고 인기를 선사할 수도 있다. 하지만 팬들과 서포터들은 당신이 할리우드나 월스트리트 혹은 워싱턴 D.C. 정가 최상위에 있게 되면, 다르게 볼 수도 있다. 당신을 비판하면서 끌어내리려고 할지도 모른다. 만일 당신이 천부적으로 바닥에 가깝다면 이러한 아슬아슬한 위치에 있지 않을 것이다. 위쪽에 부는 바람이 더 매서운 법이다.

영향의 균형을 바로 잡는 것이 마음 길들이기 수행이다. 이것은 당신의 부풀어 오른 에고와 자만심을 줄여 주는 수행이다. 진정한 겸손은 당신의 좋은 면을 부정하고 다른 사람들에게 무릎을 꿇는 것이 아니다. 겸손해지기 위해서 별것 없어지게 될 필요는 없다. 어떤 면에서 보면 마음 길들이기 수행은 요령이다. 이는 당신이 군대에 오기 전에 가지고 있던 모든 자긍심을 솜씨 좋게 깨부수는 교관이 있는 훈련소와 같은 작용을 한다. 말이 났으니 말인데 이는 사찰에 들어온 행자들을 다루는 방법과도 비슷하다. 우리의 부풀어 오른 자긍심과 자신에 대한 거짓된 인식을, 우리를 낮은 위치에 놓음으로써 깨부숨과 동시에 그들을 우리보다 대단한 사람으로 보는 것이다. 그뿐만이 아니다. 진짜로 다른 사람들을 염려하고 돌보려는 노력을 한다. 오직 우리에게만 느꼈던 사랑을 다른 사람들에게도 느끼는 것이다. 아이들은 예외일 수도 있겠다.

이렇게 하는 것이 처음에는 의심쩍을 수도 있겠지만, 불교의 가르침은 이렇게 말한다. 낮은 자세를 지닐 수 있다면, 즉 겸손하고 뻐기지 않을 수 있다면, 모든 좋은 자질들이 자연스럽게 발전하며 풍성해질 것이라고. 그리고 그 반대 역시 똑같이 사실이라고. 만일 자기 사랑과 자만심을 증가시킨다면 좋은 자질을 기르는 일은 절대적으로 힘들 것이다.

이는 매우 도움이 되는 수행이다. 왜냐하면 우리는 가끔 다른 이들의 좋은 자질을 알아차리지 못하기 때문이다. 우리는 타인이 내놓을 수 있는 것을 놓치고 있다. 우리 곁에서 일하고 있는 그 사람은 주말 내내 아이들을 가르치고 주변을 청소했을 수도 있다. 당신 곁에 있는 저 사람은 오스카상 수상 후보가 될 영화 시나리오의 원작 소설을 지금 막 끝냈을 수 있다. 그러나 우리는 그들이 살아온 과거의 물리적 공간을 절대 볼 수 없다. 우리는 매일 그들을 보지만 똑같은 생각에 화를 낸다.

'쟤가 어떻게 이렇게 좋은 사무실을 가지고 있지?'

어떤 사람들은 타고나기를 '숨어 있는' 유형이다. 그들은 눈에 띄지 않으려 노력하고 절대 그들의 자질들을 다른 사람들이 볼 수 있도록 내놓지 않는다. 불교에는 상황 때문에 지혜와 자비의 비범한 자질들을 억지로 드러내게 될 때까지, 거지나 바보로 살던 깨달은 수행자들에 대한 이야기들이 많이 있다. 그전까지 그들을 욕하고 낮추어 보던 사람들은 얼마나 충격을 받고 창피했겠는가!

이런 유형의 겸손은 저절로 얻어지지 않는다. 우리는 우리가 옳다고 생각하는 데 너무나 익숙해져 있다. 우리는 어떤 텔레비전 프로그램을 봐야 할지 알고, 저탄수화물과 저지방 사이의 논쟁에 대해서 알며, 경제에 무엇이 잘못되었는지, 누가 대통령이 되지 말아야 할지 안다. 그리고 배우자나 이웃, 친구의 저녁 파티에서 우리 옆에 앉아 있는 사람들보다 이 모든 것을 약간 더 잘 알고 있다. 이것이 자신을 우월한 존재로서, 다른 의견을 내는 사람 위를 덮는 그림자로서 붙들고 있는 방식이다. 이는 너무나 정상적인 듯이 느껴져서 우리가 무슨 짓을 하고 있는지 알아차리지도 못한다. 우리 각각이 우리 세계-그 세계가 어떻든 간에-의 사장 노릇을 하는 것과 마찬가지다. 우리는 우리가 일자리를 찾고 있다는 것조차 혹은 우편물실에서 일하고 있다는 것조차 잊어버린다. 달리 말하면, 이는 우리 자신의 리얼리티 텔레비전 쇼에서 주인공을 하는 것과 마찬가지다. 우리는 이 모든 드라마의 중심에 서 있으며, 다른 이들은 출연하다가 사라져도 우리의 배역은 늘 마련되어 있다.

그러나 이제 입장을 바꿔 우리가 알아차리지 못하거나 알아차리려고 주의를 기울이지 않고 지나쳤던 모든 이들을 높이는 것이다. 이제 우리의 의자를, 창가에 있는 편안한 자리를, 팀의 동료와 경쟁자들에게 내주는 것이다.

이렇게 하는 데에 익숙해지려면 시간이 걸릴 것이다. 익숙해진다 함은 수십 번 시도해야 한다는 뜻이다. 그러나 할 때는 진실하게 해야 한다. 한순간이라도 제대로 할 수 있다면 그것으로 충분하다. 한 주 혹은 한 달 동안 다른 이들을 사랑해야겠다는 생각을 붙들고 있어야 하는 게 아닌가 걱정할 필요 없다. 똑같은 생각을 유지한다는 것은 이랬든 저랬든 불가능한 일이다. 무엇인가 다른 생각이 늘 당신의 마음에 튀어 나온다. 역사 강의를 듣는데 수학 숙제가 떠오를 수 있다. 비오는 날 일을 하는데 파란 하늘, 백사장 그리고 야자나무의 꿈이 떠오를 수 있다. 오직 필요한 것은 계속 노력하는 것이다. 다른 사람을 생각하는 마음이 단 한순간이라도 진실하게 떠오른다면 아주 소중한 것이다. 끊임없이 그런 순간을 모아라.

균형을 회복하는 혹은 '낮은 자세를 갖추는' 이 수행을 할 때, 감정들이 들고 일어나 반대하는 것을 알아차릴 수 있을 것이다. 욕심, 집착, 분노, 자만, 질투 그리고 의심할 여지없이 무지가 이때를 기회 삼아 게임 밖으로 당신을 내동댕이쳐 버릴 것이다. 당신이 해야 할 것은 이러한 감정 가운데 하나가 스멀스멀 기어오른다는 것을 알아차리면 그 대가리를 바로 때리는 것이다. 그 감정이 당신을 터뜨리기 전에 그 감정의 거품을 터뜨려야 한다.

가끔 주의 집중 부족으로 또는 그냥 그 순간에 게을러서 감정의 첫 불꽃을 놓칠 때가 있다. 언제나 열심히 소통할 수는 없다. 짜증의 그 작은 불꽃에 무슨 해가 있으려고? 그러나 당신이 커피를 마시는 동안 그 짜증은 작은 불꽃이 되며, 걱정할 때쯤 되면 산불이 될 것이다. 그 산에 사는 사람들은 짐을 싸서 도망쳐야 한다.

불안전한 감정이 터져 버리면, 일반적인 대체약은 통하지 않는다. 가정용 소화기나 정원에 물을 주는 호스는 소용이 없다. 산불 진화용 헬기도 어느 순간이 되면 돌아가야 한다. 순식간에 분노로 바뀌는 그 작은 짜증은 결국 제풀에 지칠 것이다. 자신을 다 태워 버린 뒤 순진무구한 잠으로 다시 기어들어갈 것이다. 그러나 다시 깨어나서, 쉬고, 기운을 차리고, 갈 준비가 될 때까지 얼마나 기다려야 할까?

우리 삶 속에 뿌리 깊게 박혀 있는 부정적인 감정 패턴에는 어떠한 정신적, 세속적 해독제도 잘 듣지 않는다. 마음챙김 수행과 전통적인 요법도 이렇게나 깊이 뿌리박힌 헷갈림까지 뚫고 들어가는 데에는 많은 시간이 걸릴 것이다. 따라서 부정적인 감정들이 일어나는 것을 볼 때에는 아무리 작은 것이라도 무시하고 지나치지 말라고 가르친다. 작은 불꽃이 아무리 작고 무해한 것처럼 보여도, 일어나기 시작하면 마음챙김과 연민으로 부수어야 한다.

해독제를 적용하면, 내버려 둔다. 그 순간은 가 버렸다. 그 순간을 붙들고 있지 말라. 때때로 불안정한 감정이 끝난 뒤에 그 해독제에 여전히 매달려 있는 경우가 있기에, 이렇게 내려놓는 것을 명심하는 것이 중요하다. 그것을 계속 적용하는 것은 쓸모없는 일이다. 그러니 그 감정이 사라지면 '이게 어디로 갔지?'라고 물을 필요가 없는 것이다. 그저 내려놓은 뒤 긴장을 풀어라.

우리가 부풀어 오른 에고와 자만심을 장애물이라고 말할 때 그리고 자신을 '낮은' 위치에 놓는 수행을 하라고 제안할 때, 열등감이 있거나 낮은 자존감 때문에 괴로워하는 사람에게 이런 수행은 매우 힘들 수 있다. 자신을 건강한 기준까지 끌어올리려고 노력 중이라면 이러한 마음 길들이기 수행이 자신을 퇴행시키는 게 아닐까 하는 느낌이 들 수도 있다. 이제 막 불교 수행을 하기 시작한 사람들과 오랜 수련을 거친 불교 수행자들이 직접적인 경험을 통해 이러한 관점을 내게 말하는 것을 나는 감사하게 생각해 왔다. 여기에는 문화적 차이가 역할을 한다. 불교가 이 문화에서 저 문화로 옮겨 가면서, 명확하게 밝히고 존중해야 할 심리적 문화적 차이가 존재한다.

그러니 명확히 하자면, 겸손을 배우는 이 연습의 요점은 당신의 진짜 모습에 접촉하는 것이지, 당신을 억누르라는 것이 아니다. 이 수행의 길에는 어느 누구를 경멸하거나 깎아 내리려는 의도가 없다. 우리가 명확하게 보려고 하는 것은 우리가 이 페르소나, 즉 특정한 이름으로 불리고 특정한 자질들에 의해 인식되는 에고-자아가 창조되는 과정이다. 그리고 이 모든 과정은 그렇게 부풀려지거나 우리의 가장 참된 자아로부터 멀어지는 과정을 명확하게 보고자 하는 것이다. 이는 내가 누구인지, 무엇인지, 어디에 있는지의 현실로 돌아올 수 있도록 도와주는 과정이다. 한편으로, 여기서 겸손은 단순히 다른 인간 존재들에 대한 진심에서 우러나오는 존경심을 가지는 것을 뜻한다. 이는 우리가 자신을 향해 가지는 감사와 배려를 다른 이들에게 똑같이 주며 이 세상을 살아갈 수 있음을 뜻한다.

모든 경우에 있어 자신의 경험을 존중하고 자신에게 맞는 것을 적용하라. 무수한 방법들이 있다. 그러니 맞지 않는 것을 고집할 필요가 없다. 무엇을 하든 너무 심하게 자신을 몰아붙이지 말라. 만일 한 방법이 감정적으로 당신을 부추긴다면, 그 방법은 포기하는 것이 좋다. 더 배운 후에 다시 시도해 볼 수 있을 것이다. 또는 단순히 다른 사람들을 아끼는 경험을 즐길 수도 있다. 단순히 그 아낌의 경험에 집중하면, 가장 낮은 위치에 임함으로써 균형을 회복하는 것과 마찬가지의 이익이 절로 일어날 것이다. 이랬든 저랬든, 당신의 세상 전부가 고양될 것이다.

자신과 타인의
동등함에 대한 명상

이 명상법은 '균형의 회복' 혹은 '자신과 타인을 동등하게 함'의 수행을 보조한다. 여기서 설명한 것은 그룹 수행을 전제로 하지만, 개인이 홀로 해도 괜찮다. 혼자서 이 연습을 한다면, 이 명상 지침이 당신의 왼쪽 혹은 오른쪽에 있는 사람을 보라고 안내할 경우 당신이 알고 있는 누군가를 생각하고, 그를 집중의 대상으로 삼는다.

시작 (5분)

편안하고 긴장이 이완된 자세로 똑바로 앉는다. 의식을 호흡의 움직임에 가볍게 집중하고 마음과 몸이 차츰 안정을 찾도록 둔다. 생각들이 일어나면 단순히 그 생각들을 내보내고 현재의 순간으로 돌아온다.

수행

이제 마음이 안정되었고 현재의 순간에 머물고 있다고 느끼면, 마음을 오른쪽에 있는 사람에게 집중한다. 그 사람이 당신과 분리되어 있고, 다양한 의미에서 잘 모르는 사람임에도 어떻게 그와 내가 수많은 삶의 경험을 공유하고 있는지에 대해 생각한다. 모든 이가 매일 일어나 행복을 바라며, 그들과 그들의 가족을 지탱시켜 줄 행복한 환경을 바란다. 그러나 우리 모두는 상실, 고통 그리고 실망을 경험한다. 우리는 모두 똑같은 희망과 절망에 사로잡혀 있는 존재다. 당신의 오른편에 있는 사람이 삶 속에서 마주하고 있는 고통은 무엇인가? 어떠한 상실이 그의 기쁨에 그림자를 드리우고 있는가? 무엇이 그들에게 아직 오지 않았는가?

이제 '그 사람이 진정으로 행복하고 모든 괴로움과 걱정을 모두 벗어 버릴 수 있다면 얼마나 멋진 일일까?' 생각하라. 그러고 나서 당신 자신의 말로 그 사람을 위한 기도 혹은 소원을 말하라. 예를 들면 다음과 같다.

"그 사람이 모든 괴로움에서 지금 당장, 이 순간 자유로워지기를 기원합니다. 괴로움과 갈등 대신, 삶에 행복이 충만하기를 기원합니다."

그들을 향한 당신의 소원이 이루어지면 당신이 얼마나 행복할지에 대해서 몇 분 동안 명상하라. 이제 이렇게 생각한다.

'그의 지금 이 순간의 행복이 나 자신의 행복보다 더 중요합니다. 나 자신의 행복은 그들의 행복에 따라 늘어납니다.'

이제 당신의 주의를 왼쪽에 있는 사람에게 돌려 그의 괴로움과 행복에 대해서 똑같은 방법으로 명상한다. (단체가 같이 수행하는 경우, 앞뒤에 있는 사람들에 대해서도 똑같은 방법으로 수행을 계속할 수 있다.)

다음으로 당신이 아는, 괴로움을 겪고 있는 어떤 이에게로 마음이 향하게 한다. 세계 어디에 있는 사람이라도 괜찮다. 그들이 모든 슬픔과 고통에서 벗어날 수 있다면 얼마나 좋을까라고 생각한다. 다음으로 그들을 위한 소망을 세우고 그들이 모든 괴로움에서 해방되기를, 바로 이 순간에 고통이 모두 사라지고 그 자리에 평화와 행복이 자리 잡기를 기원한다.

그들을 개인적으로 알지 못한다 하더라도, 마음이 가는 이에 대해서 명상할 수 있다. 육체적·정신적인 질병부터 만성 질환, 빈곤, 폭력 혹은 불행까지, 괴로움을 겪고 있는 사람에 대해서도 생각해 볼 수 있다. 지금 죽어 가고 있는 사람들 혹은 죽은 사람에 대해서도 그리고 남겨진 사람들에 대해서도 명상할 수 있다. 지인부터 텔레비전이나 다른 대중매체를 통해 알게 되거나 보게 된 사람들에게로 주의의 대상을 바꿀 수 있다. 이것이 우리가 자신과 다른 이들을 동등하게 만드는 수행 방식이다.

마무리 (5분)

간단한 좌선 명상을 몇 분 동안 함으로써 마무리 짓는다. 이 시간 동안, 당신의 그룹에 있는 모든 이들이 주변 사람들의 행복을 빌어 주었다는 것에 감사하는 시간을 잠시 가져도 된다. 다른 이들에 대한 사랑을 매일 조금씩 넓히는 것도 좋다.

17

상대하기 힘든
사람들과 함께하기

—

만일 어떤 것이 싫다면, 그것을 바꾸라.
만일 바꿀 수 없다면, 당신의 마음을 바꾸라.

마야 안젤루(시인, 1928~2014)

우리가 부정적인 감정을 뒤집는 데 있어 얼마나 발전했는지 점검할 때, 상대하기 힘든 사람들과 함께하는 것만큼 좋은 것은 없다. 자애를 우리의 통상적인 한계 너머까지 펼칠 수 있을까? 두려움을 극복할 수 있을까? 이러한 질문들에 대답할 수 있도록 도와줄 사람과 대면하기 전까지는 '저 망할 놈의 기뢰들! 전속력으로 진격!'[19]이라고 할 수도

---

19) 미국 남북전쟁 시 미국의 해군 제독인 데이비드 패러거트(1801~1870)의 명언으로, 패러거트는 해전에서 기뢰에 의해 이끌던 배들이 폭파되어 패전이 명백함에도 "빌어먹을 기뢰들! 전속력으로 진격!"이라고 명령을 내려 전투를 승리로 이끌었다. 이후 "저 망할 놈의 기뢰들, 전속력으로 진격!"은 위험한 상황에서 몸을 사리지 않고 앞으로 나아가는 것을 의미하게 되었다.

있다. 그런 사람을 마주 대하는 순간이 우리의 긴급 구출 수련의 결과를 총동원할 수 있을 때이기를 바라자. 나아가 그와 접촉할 때 무엇이 일어나는지 살펴본다.

우리가 저기 있는 좋은 사람들에게 손 내밀 수 있다면 얼마나 좋겠는가. 어렵지 않게 대할 수 있고 늘 즐겁고 상냥한 사람들 말이다. 그러나 그런 사람들을 도와줄 사람은 늘 줄 서 있다. 그러니 우리까지 그 대열에 끼어들 필요는 없다. 진정 우리의 도움을 필요로 하는 사람들은 아무에게도 도움을 요청할 수 없는 사람들이다. 아무도 가까이 가려 하지 않는 사람들, 견디기 힘든 사람들, 많은 문제를 일으키는 사람. 이러한 사람들을 위해 당신이 최소한으로 할 수 있는 일은 적대감 대신 연민의 마음을 일으키는 것이다. 더 할 수 있겠다는 생각이 든다면, 진심으로 누군가에게 다가가서 도움이 되려고 노력하고 싶다면, 바로 이 사람들이 그런 도움을 가장 필요로 하는 사람들이다.

연민의 실천을 상대하기 쉽고 매력적이고 재미있는 사람들로 한정 짓는다면 그것은 진정한 연민이 아닐 수 있다. 그렇게 하는 행동에는 자기만족적인 면이 있다. 당신의 약속 가운데 얼마나 많은 시간이 즐거운 시간을 보내는 것과 결부되어 있는가? 문제를 일으키지 않을 수 없고 사람들을 멀리 밀어 낼 수밖에 없게 하는 과도한 적대감, 암울함, 감정 탓에 괴로워하는 사람과 소통할 때, 우리는 연민의 진정한 심장을 건드리고 있는 것이다. 만일 그런 사람에게 다가가 도움을 줄 수 있다면, 거기에 진정한 연민의 마음이 있을 것이다. 이것이 붓다의 가르침 가운데 연민의 용감하고 고귀한 정수(심장)에 대한 것이다. 쉽지 않은 일이다. 그러나 시도하고 나서 무엇이 일어나는지 볼 수 있다. 좋은 면은 이 가르침이 우리가 그 사람과 영원히 같이 있어야 한다고 말하지 않는다는 것이다. 중요한 점은 모두를 향한 우리의 자애와 사랑의 심장을 키우는 데 있다. 그리고 그 대상은 같이하기 힘든 사람들을 포함한다. 그렇다고 우리가 그들의 주변에 늘 있어야 한다는 말은 아니다.

불편한 감정들을 마음챙김 명상을 통해 단박에 변화시킨다는 것은 대부분 불가능하다. 우리가 화라는 감정과 생각으로 가득 차 있다는 것을 알아차릴 때, 우리는 자신에게 이렇게 되뇐다. '나는 긍정적인 것이 옳다고 믿는다. 그러니 이겨 내자!'

글쎄. 그럴 때 다른 접근법은 우선 '행동을 통해 변화시키는' 것이다. 행동이란 '동작'을 뜻한다. 우리의 감정과 의지를 표현인 몸과 말로 행하는 것을 말한다. 우리는 몸과 말 모두를 관찰하고 함께 움직여야 한다. 실행에 옮기는 편이 더 좋은 접근이다. 즉각적이고 구체적이기 때문이다. 상대를 밀쳐 냈는지 격하게 안아 주었는지는 생각할 필요 없다.

행동에 대한 알아차림은 또한, 상대하기 어려운 사람을 포함해 우리에게만 힘들게 구는 사람과 친구가 되는 열쇠다. 이 역시 가능한 일이다. 우리는 친구의 친구를 만나서 관심을 보이고 열린 마음으로 대하는 대신, 직관적으로 불신(경계심)을 느끼는 경우가 있다. 습관이 어떠하든 간에, 그 습관은 우리가 매우 격앙된 상황에 몰렸을 때 세차게 튀어나올 것이다. 몸짓 언어와 말을 알아차리는 것이 생각과 감정을 다잡

263

는 데 유용할 것이다. 걷기와 말하기의 정신적인 등가물이기 때문이다.

밖에서 안으로 걷기

비판받을 때 화내는 것으로 반응하는 뿌리 깊은 습관을 가지고 있다면, 명백히 격한 반응이 나올 때 약간의 마음챙김만으로도 관찰할 수 있다. 당신의 주의를 자신에게 돌리고, 당신을 비판하는 사람에게 돌리지 말라. 자신의 행동, 처신을 바라보라. 다른 사람의 행동이나 말을 관찰하지 말라. 이때에는 감정 그 자체에 대해 생각할 필요도 없다. 오직 지금 이 순간 당신의 행동에만 명확히 깨어 있으라.

만일 누군가와 싸움을 시작하거나 또 다시 거친 말이 오가는 대화를 시작할 것만 같은 느낌이 들면, 잠시 멈추고 호흡을 한다. 이제 당신의 행위를 바라보라. 몸으로 무엇을 하고 있는가? 어디에 있는가? 어떤가? 그 사람을 향해 한 발자국 더 나아가는가, 아니면 더 멀어지는가? 손은 무엇을 하고 있는가? 눈으로 어디를 보고 있는가? 몸짓은 감정과 의지의 강력한 전달 수단이다. 그러니 깨어 있으라. 자신에게 적대감(위협)을 표시하는 어떠한 행동도 내려놓으라고 말하라. 손가락질을 하거나 주먹을 쥐는 것을 멈춰라. 눈에서 힘을 빼고, 똑바로 앉거나 서 있으라. 이런 것들은 당신이 알아차리면 통제할 수 있는 것들이다. 여기에 미소를 얹으면 금상첨화다.

마찬가지로 당신의 말을 지켜보라. 거친 말을 쓰고 있는가? 얼마나 큰 소리로 말하고 있는가? 빠르게 말하는가? 느리게 말하는가? 다시, 당신이 실제로 내뱉는 단어들과 당신이 보내는 끙끙거림 혹은 낄낄거림 등의 언어적 신호에 대해서 알아차려라. 당신 자신 혹은 대화하는 상대방을 자극할 어떠한 언어적 표현도 삼가라. 목소리를 낮추고 자극적인 말을 의식적으로 삼가는 것은 행동에 알아차림 할 때 선택할 수 있는 것들이다.

이때 우리는 외부에서 내면으로 들어오는 일을 하는 것이다. 우리가 만들 수 있는 모든 긍정적인 외적 변화가 내면의 동요를 잠재우는 데 도움이 될 것이다. 이러한 점을 기억하는 것도 도움이 될 수 있겠다. 너무 화가 나거나 질투가 나서 손이 부들부들 떨리고, 몸이 뒤틀리고, 목소리가 갑자기 속삭임이 되어 버리거나 비명으로 높아지면 사람들 눈에 아주 잘 띌 거라는 것.

만나러 가기 전에

상대하기 어려운 사람과 함께하기 위해서 나간다는 것을 알 때, 너무 깊숙이 뛰어들기 전에 부정적인 존재의 비참함을 마음에 들이고 그것이 굉장히 고통스러울 것임을 상상함으로써 마음의 준비를 해야 한다. 공감과 열린 마음의 감각을 느끼기 시작할 때, 다음 단계로 나갈 준비가 이뤄진다. 조금 더 가까이 다가갈 수 있다. 어느 정도 같이 시간을 보내고 무엇이 일어나는지 살펴보라. 거기에 긍정적인 교류의 실마리가 있는지 살펴보라. 만일 상황이 잠시 좋아지는 것 같다가 더 악화된다면, 물러서는 편이 가장 좋다. 자신이 인내심이나 공감 능력을 잃기 시작한다는 것을 알아차리면 그리고 노력이 허사가 되는 것을 볼 수 있다면, 한동안 한 걸음 물러서라. 상황을 악화시킬 갈등 상황에 사로잡혀 있는 것보다 훨씬 낫다. 나중에 다시 해 볼 기회가 있을 것이다.

실제보다 상상이 더 고통스럽다. 치과에 가는 것과 마찬가지다. 전기 불빛에 눈이 부신 채로 치과용 침대에 누워서 날카로운 물체가 입 안 구석구석을 쑤시는 건 즐거운 경험은 아니다. 그러나 미리 생각하는 것이 실제 경험보다 더 심하다. 최소한 나는 그랬다. 일주일 전에 치과 생각을 하는 게 실제로 치과에 있을 때보다도 더 겁이 난다. 늘 예약을 취소하고 싶다는 생각이 든다. 그러나 막상 가면 생각했던 것만큼 나쁘지 않다. 그리고 치과 의사들은 대부분 '참 좋은 사람들'이다.

상대하기 힘든 사람들에 대해서 생각할 때, 우리는 다른 사람을 떠올리지만 우리 역시 그 상대하기 힘든 부류에 들어갈 수 있다. 그러니 '그 사람들'과 함께하기 위해서 우리가 받은 조언은 우리에게도 적용 가능하다. 그럴 때 있지 않은가. 우리 모두 한때는 '상대하기 힘든' 혹은 그보다 더 나쁜 사람이라고 불려 봤다. 누가 얼마나 자주 그렇게 말했는지를 모르는 게 다행일 것이다.

고통받고 있는 이를 대할 때

또 다른 그룹은 '격렬한 괴로움'에 고통받고 있는 사람들이다. 이 사람들은 또 다른 이유로 상대하기 힘들다. 그들의 괴로움은 너무나 커서, 그 괴로움을 마주하는 데는 어려움이 따른다. 종종 비극적이게도 그들은 무고하다. 온 세계에 그런 예들이 많이 있다. 사람을 쇠약하게 만드는 육체적·정신적 질병들, 학대, 약탈, 폭력, 전쟁, 빈곤 그리고 자연 재해 때문에 일어나는 상실과 상처 등이 그것이다.

만일 그러한 격렬한 괴로움을 겪고 있는 단 한 사람이라도 도와줄 기회가 있다면 큰 이익이 될 것이다. 더 도울 수 있다면 훌륭한 일이다. 직접 도울 수 없다면 음식, 의약품, 위로를 제공함으로써 그들을 실질적으로 돕는 사람들을 간접적으로 도울 수 있을 것이다. 국경없는의사회와 비슷한 단체들은 크나큰 괴로움과 도움이 필요하지만 자원이 거의 없는 곳이라면 어디든 달려간다. 그들은 오늘날의 성자, 보살이다. 만일 우리 자신이 그러한 곳에 직접 갈 수 없다면 기부를 할 수 있다. 또한 소셜 미디어를 이용해 절대적인 도움과 행동이 필요한 곳에서 하는 그들의 노력에 주의를 끎으로써 다른 사람들 역시 돕게끔 해도 좋다. 우리가 직간접적으로 도와줄 길은 많이 있다. 삶 속에서 실천 가능한 기회를 찾기만 하면 된다. 자비로운 행동들을 실천에 옮길 때에는 판단하지 말라. 모든 것을 뒤로하고 그저 도와라.

악독한, 아주 악독한 상대라면

자신의 감정과 소통하는 것도 버거운데 거기다 '상대하기 힘든' 사람들이 무거운 짐을 더한다. 그 상대하기 힘든 사람들의 행위가 상상을 초월할 정도로 악할 때 우리는 무엇을 해야 하는가?

살인자, 아동 학대자, 테러리스트처럼 의도적으로 다른 사람들에게 크나큰 해악을 끼치는 사람들을 어떻게 존중할 수 있겠는가? 우리는 그들이 벌 받기를 원하고, 그들이 다른 이들에게 퍼부은 고통을 이해하고 느끼기를 바란다. 사회가 안전하기를 바라며, 정의를 원한다.

이 상황과 관련해 연민에 대한 담론을 어떻게 해야 할 것인가? 이것은 예외인가? 아니면 이 해악을 저지른 사람들을 우리가 염려하고 사랑하는 정말 좋은 사람들과 동등하게 대해야 하는가? 어떻게 그럴 수 있을까? 아니면 그렇게 해야만 하는가?

이 상황을 다른 관점에서 바라보자. 일반적이고 상대적인 차원에서는 그러한 악한 사람들을 완전히 무지한 존재로 볼 수 있다. 이유가 어찌되었건, 그들의 본래적 의식은 착각하고 있다. 어리석음이 그들의 마음을 어둡게 하고 제대로 보지 못하게 만들었다. 슬프게도 그들은 자신이 지닌 천연의 지혜와 연민에서 단절되었다. 이런 사람들은 종종 그들이 이 세상에 일으킨 고통과 괴로움의 규모를 잘 이해하지 못한다. 법적인 관점에서 무엇이 옳고 그른지는 이해하겠지만, 그들은 최소한 정신적·인간적으로 자신들이 계획하고 실행에 옮긴 그 괴로움을 절대적으로 인식하지 못하고 있다고 말할 수 있다.

그러한 사람이 되는 것은 우리로서는 생각조차 못할 일이다. 그들은 죄를 지었음은 물론이거니와 당연히 비난받고 욕을 먹어야 한다. 그리고 그렇기 때문에 우리는 그들에 대한 연민의 불꽃을 느낄 수 있다. 더 나아가 그들이 느끼지 못하는 그들의 비참한 상태에 대해 왜곡되지 않은 연민을 생각할 수 있다.

그러나 우리가 그러한 생각을 마음에 두고 나서 "그래, 난 너를 사랑해. 용서해 줄게."라고 자연스럽게 말할 수 있을까? 그러한 어두움에 다가가는 것은 진짜로 어렵고 두렵기까지 하다.

그럼에도 그러한 사람도 사랑받아야 한다. 그들에게 일말의 희망이 있다면 말이다. 능력이 되는 사람은 그들을 위해 기도를 할 수 있을 것이다.

보다 궁극적인 입장에서 보자면, 모든 중생의 마음 본성은 근본적으로 청정하며 깨어 있다는 점을 상기해야 한다. 심지어 최악의, 가장 깊은 망상에 빠진 사람조차 긍정적인 자질, 깨어 있음과 선함의 불꽃을 약간은 가지고 있다. 그들에게 만연한 어두움 때문에 그 불꽃을 보지 못할지 모른다. 그러나 그 정도까지는 공정해야 한다. 우리는 "그래. 어떤 기회가 있을 수 있지."라고 말해야 한다.

우리가 정의에 대한 외침을 들을 때, 기존의 처벌 방법이 그 정의를 바로 세울 수 있을지에 대해서는 의문의 여지가 있다. 우리가 진정으로 원하는 것은 그 범죄가 일어나지 않은 상태로 돌아가고, 생명들이 다시 돌아오는 것이다. 그러나 우리는 처벌에 대한 전통적인 개념, 즉 사람들을 아무것도 못하도록 철창 뒤에 가두는 것을 넘어서야 할지도 모르겠다.

우리는 '정의'라는 개념을 선을 위한 힘이라고 주장하지만, 또한 '처벌'이라는 개념에 갇혀 있다고 나는 생각한다. 모든 측면에서 필요로 하는 것을 이해하고 존중하려는 의지를 세워 이 두 가지를 약간 다르게 조합한다면, 이 시스템에서 훨씬 더 나은 균형을 성취할 수도 있다. 이러한 유형의 사람에 대한 진정한 처벌은 그들을 자비의 자질을 개발할 수 있는 환경에 놓아 주고 자비를 실천에 옮길 방법들을 제공하는 것이라고 말할 수 있겠다. 그러한 사람들은 태어나기를 다른 사람들보다 공격적이고, 선택의 기회가 주어진다면 부정적인 환경에 이끌릴 수도 있다. 그들은 싸움과 혼돈을 즐길지도 모른다.

따라서 진정한 의미의 '교도소'는 건강한 환경 속에서 긍정적인 행동에 대한 교육에 시간을 써서 행동을 변화시키는 수단이어야 한다. 이렇게 냉담하고 무감각한 사람들을 깨워 그들이 저지른 괴로움과 해악을 깨닫도록 한다면 그리고 그들이 진심으로 후회하게 해 준다면 그것이 진정한 의미의 정의, 즉 선의 복원일 것이며 바람직한 일일 것이다.

인내

많은 종류의 인내가 있으며, 인내에 대한 오해 역시 있다. 인내는 미덕으로 여겨지지만 착해지기 위한 지루한 방법으로도 여겨진다. 앞서 말했듯, 인내를 수행하는 것이 단순히 수동적이고 용감하게(혹은 고결하게) '기다려 보자.'는 태도를 가정하는 것은 아니다. 감정을 다룰 때, 인내의 요체는 어떠한 것을 느끼든 반응하지 않는 채로 있는 것을 말한다. 감정이 되돌아오고 당신이 그 감정에 당장 반응하고 싶은 충동이 들 때마다 인내 수행을 거듭해서 하는 것이다. 상대하기 어려운 사람 혹은 특정한 난관을 우리에게 주는 사람을 상대해야 하는 상황에서 인내는 많은 것을 가르쳐 주며, 인내를 수행하는 것은 실제로 우리의 경험을 변화시킬 수 있다.

이 상황에서 실천하기 위해 배울 첫 번째 유형의 인내는 우리가 인연을 맺으려고 노력하는 누군가가 우리에게 하는 해코지(부정적인 것)에 '빛을 비추는' 것이다.

직장 상사가 "존과 협력해 기한 내에 프로젝트를 하나 완성하라."고 시켰다고 하자. 당신은 어느 누구도 그와 같이하고 싶어 하지 않는다는 것을 알고 있다. 다른 사람들은 갑자기 몹시 바쁘다.

존은 명석하고, 똑똑하게 말을 잘하며, 능력 있는 친구다. 그렇지만 모든 것을 완전히 자기 손에 넣고 통제해야 하는 통제광이며, 누구라도 자기에게 반대 의견을 제시하면 의심하고 질투한다. 당신은 이에 대해 긍정적으로 나아가 보기로 결심한다. 존의 리드를 따라가며 어떠한 난잡한 오해에도 사로잡히지 않겠다고 결심한다….

하하하! 그렇게 된다는 것은 거의 불가능하다. 당신의 이성적인 생각이 존의 감정 언어로 말하지 않기 때문이다. 지금이 바로 당신이 '빛을 비추는' 유형의 인내를 시험할 적기다. 이 경험을 타개해 나가기 위해서뿐 아니라, 괴로움과 고통의 피할 수 없는 패턴을 끊기 위해서다. 당신 자신뿐 아니라 존도 도울 수 있다.

존이 예상대로 당신이 한 일을 비난하거나 과소평가하기 시작할 때 현명한 반응은 참고 조용히 머물며, 숨 쉴 공간을 만들기 시작하는 것이다. 존이 타당한 오류를 발견했든, 모든 것을 완전히 지어 냈든 간에 당신은 그의 의도가 분명 당신에게 상처를 주고 직업적으로 당신을 경멸하기 위한 것임을 알고 있다. 그러니 참기란 쉽지 않다. 그러나 당신이 잘못한 것이 전혀 없든 있든 간에, 그 순간 바로 그에게 반응해서는 안 된다.

그를 비판하거나 똑같은 방식으로 끌어내림으로써 맞서 싸우지 말라. 존의 비판을 부정하거나 인정할 필요도 없다. 중요한 포인트는 비난이 날아올 때, 친구, 적 혹은 이방인의 말들이 당신의 따귀를 갈길 때, 가장 우선해야 할 일은 인내 수행이라는 점이다. 한동안 멈춘다. 한 순간. 그 한 순간이 결과를 바꿔 놓을 수 있다. 그 외에 다른 것이 일어날 수 있는 공간을 만들라.

일상 속에서 알듯이 우리는 비판이나 비난을 받으면, 특히 부당하게 당하면 솜씨 있게 대응하지 못한다. 상대편이 불평을 다 늘어놓기도 전

272

에 자기변호를 시작할 수도 있다.

최근 시애틀에서 운전을 하면서 재미있는 경험을 했다. 나는 신호등 앞에서 대기하고 있었다. 쌀쌀한 날이었고, 차의 창문은 닫혀 있었다. 그때, 내 옆 차에 한 쌍이 타고 있는 것을 알았다. 어떤 소리도 들을 수 없었지만, 그 둘은 큰 소리로 음악을 따라 노래를 부르며 재미있는 시간을 보내고 있는 것 같았다. 신호가 바뀌었을 때에도 그들은 노래를 부르고 있었다. 창문을 내리고 보니, 둘은 노래를 부르는 것이 아니라 서로를 향해 고함을 지르며 다투고 있는 중이었다. 양쪽이 동시에 고함을 지르고 있었다. 너무나 깜짝 놀랐다.

'문제가 뭐지? 누가 듣고 있는 거지?'

아무도. 그 차에는 그들만 있었다. 그들은 상대방이 무엇을 이야기할지에 대해 전혀 관심이 없어 보였다. 그때 신호가 다시 바뀌었고, 우리는 각자 갈 길을 갔다.

다른 사람을 설득할 때, 그를 압도하거나 즉각 반응하거나 심지어 너무 빨리 이야기하면 누구도 당신의 말을 알아들을 수 없을 것이다. 거기에는 공간이 없다. 그 사이에 틈이 없다. 서로에게 말할 때의 요점은 통상적으로 의사소통이다. 우리는 우리가 무엇을 의도했는지 명확하게 하기 위해 말하고 들으며, 우리가 무엇을 느끼는지를 이야기하고, 그러고 나면 일반적으로 서로를 이해한다. 우리가 그렇게 하는 것은 혼란을 부추기기 위해서가 아니며 상처를 즐기기 때문도 아니다. 우리는 긍정적인 결과가 나오기를 바란다. 그렇지만 이따금 말이 상황을 더 악화시키기도 한다.

그러니 여기서의 교훈은 당장 무엇을 이야기하는 것이 아니라는 것, 특히 중대하거나 민감한 상황에서는 그러지 말아야 한다는 것이다. 변호사도 똑같은 조언을 해 줄 거라고 생각한다! 시간을 두고 호흡을 몇 번 한 뒤에 긴장을 풀라.

덜 방어적인 사람 되기

마땅한 것이든 아니든 간에 누군가가 우리를 비판하고 잘못을 지적하면 우리는 반론을 들고 싶어 한다. "그래, 그렇지만!" 혹은 "아니, 이해 못 하고 있어!" 같은. 심지어 우리는 실수를 저질렀을 때에도 자신을 방어하고 싶어 한다.

인내를 개발함과 동시에 우리는 자기 방어적 태도를 낮출 필요가 있다. 우리를 도와줄 자질을 증장시키면서, 우리를 전혀 돕지 않는 자질은 줄이는 것이다. 자기 방어적인 태도를 고수하는 한, 우리가 차이를 인식할 때 다른 사람과 맞춰 살거나 조화롭게 사는 데에 곤란을 겪을 것이다.

그 방어적인 마음은 망상의 상태다. 왜냐하면 우리의 '청정한 시야'를 가리기 때문이다. 방어 모드에서 정신 상태는 덜 명료하며, 덜 정확하다. 그리고 다른 사람들의 긍정적인 자질들을 알아보지 못할 가능성이 더 많다. 다른 이들에게 이익을 주겠다는 우리의 마음 역시 차단당한다. 이는 딱히 우리가 원했던 결과가 아니다.

따라서 마음챙김 수행을 계속해야 한다. 상대하기 어려운 사람들을 포함한 다른 사람들에 대해 생각하고, 연민의 마음으로 행동해야 한다. 그리고 우리가 거친 말들과 비난의 대상이 된다 하더라도 인내하려고 노력해야 한다. 그렇게 하면 우리의 방어벽은 점차 느슨해지다 사라질 것이다. 우리 역시 긴장을 풀고 부담이 적어질 것이다.

작은 것에서 인내의 수행을 시작하는 것이 최선이다. 그것으로도 한동안 족하다. 이혼 조정이나 국세청을 상대로 분쟁을 시작하는 등, 큰 것을 대상으로 해 보겠다고 덤비지 말라. 그런 것들은 지금까지 하던 대로 변호사에게 맡기자!

작은 일이란 당신이 전날 밤 읽다가 식탁에 놓아 둔 책을 자기 것이라고 우기는, 착하지만 소란스러운 룸메이트 같은 것이다. 룸메이트는 당신한테 빌려 줬다고 기억한다. 당신은 룸메이트가 가지고 있던 그 책은 자신이 아닌 다른 사람에게 빌려 주었다는 사실을 알고 있다. 그러나 당신이 이미 충분히 읽었다면… 그냥 쥐라. 아무 말도 하지 말라. 누군가 당신에게 부딪치고서 "길 똑바로 보고 가쇼…[욕]!"라고 한다? 좋다. 그 사람은 일진이 별로 안 좋은 날을 보내고 있는 사람이다.

다시 말하면, 이것은 마음 길들이기다. 여기서 배웠으면 이를 통해 얻은 지혜를 가지고 다음으로 나아가라. 계속 이렇게 하면 모든 관계에 있어 보다 편해질 것이다.

보다 인내하고
덜 방어적으로

두 사람이 하는 말하고 듣는 연습

앞으로 소개할 연습들은 감정적으로 격심한 상황을 견디면서도 마음챙김과 공감하는 마음을 유지할 힘을 기르는 데 도움이 되도록 고안된 것이다. 이전의 '말하기 듣기' 연습들과 마찬가지로 짝꿍과 함께 연습하면서 중간에 역할을 바꾼다. 연습을 시작하기 전에 서로에게 이 연습의 목표는 서로 이익을 주고 돕기 위함임을 명시하는 편이 도움이 될 수 있다. 둘 중 하나라도 불편하다고 느끼면 잠시 멈추거나 중단하는 것도 괜찮다.

시작할 때, 짝꿍을 마주보며 조용히 앉는다. (2분)
2분 동안 둘 다 듣는 이로서 그리고 말하는 이로서의 역할을 할 기회를 가질 것이다. 그러고 나서 차례로 5분 동안 경험을 공유할 것이다.

말하는 이

말하는 이의 역할은 예닐곱 가지 부정적이고 판단이 앞선 비난을 듣는 이에게 던지는 것이다. 목적은 듣는 이의 인격 또는 행동을 비판하거나 고치고자 하는 것이 아니다. 그 또는 그녀에게 판단 당하는 것, 특히 부당한 판단의 대상이 되는 것이 어떤 느낌인지 알아차리며 경험할 기회를 주고자 하는 것이다. 고함을 지르거나 지나치게 비판적인 태도를 피하라. 솔직하라. '너는 ~한 점에서 나빠. 너는 늘 ~하지.' 정도는 괜찮다. 이는 불친절하고 심한 말을 바로 앞에 있는 사람에게 하는 것이 어떤 느낌인지 알아차리며 경험할 기회다.

▶ 1분 동안, 일련의 비판적이고 판단이 앞선 비난하는 말을 상대편에 솔직하게 하라. 그 또는 그녀에게서 시선을 떼지 않는다.

▶ 그런 말을 할 때 어떠한 감정이 일어나는지 알아차린다. 이러한 말을 할 때 기분이 어떠한가? 당신이 한 말들이 그 또는 그녀에게 어떻게 영향을 미치고 있는지 감지할 수 있는가?

▶ 그다음 1분 동안은 말하는 이의 자리에 앉아 있되 말을 하지 않는다. 육체적으로 어떻게 느끼는지, 그 여파로 어떠한 감정을 느끼고 있는지 알아차린다.

듣는 이

▶ 자신의 불완전함과 결함 리스트를 경청하는 동안, 단순히 자신의 몸에 남아 있으면서 자신에게 일어나는 감정들에 대한 마음챙김을 유

지하도록 노력한다. 말하는 이에 대한 시각적 인식을 유지하는 것이 현재의 순간에 머무르는 데 도움이 될 것이다.

▶ 말하는 이가 당신에게 말하는 동안 당신의 마음을 관찰하되, 그 말에 대꾸하지 말고 맞서지 말고 어떠한 힐난이든 부정하거나 고치려고 들지 말라.

▶ 다음의 침묵의 순간 동안 자신이 어떻게 느끼는지, 어떠한 감정이 자신에게 일어나는지 살펴보라.

말하는 이와 듣는 이

▶ 서로의 경험을 공유하는 연습을 마친 뒤 5분 동안 휴식을 취한다. 서로 의견을 나누고, 질문을 하고 긍정적인 노트를 남기는 것으로 끝을 맺는다.

▶ 몇 분 더 함께 조용히 앉아 있는다.

* 말하는 이와 듣는 이가 역할을 바꾸어 이 연습을 다시 한다.

응용

▶ 응용1 : 말하는 이의 부정적인 언질 후 알아차리는 침묵의 시간을 약간 보낸다. 그 후 듣는 이가 말하는 이를 관찰한 것을 긍정적으로 표현한다.

▶ 응용2 : 말하는 이가 듣는 이의 좋은 면에 대한 긍정적이고, 건설적인 언질을 한다.

▶ 응용3 : 함께할 상대가 없다면, 거울을 앞에 두고 이 연습을 할 수도 있다. 당신은 말하는 이이며 동시에 듣는 이다. 말하고 그 말을 들을 때 당신에게서 일어나는 감정을 알아차린다. 당신의 경험을 상대방과 나누는 대신, 5~10분 정도 뜸을 들인 뒤 일기장에 써 본다.

(18)

평화의
비전

—

인간의 영혼 안에 진정한 평화가 있음을 먼저 알기 전까지
국가 간의 평화는 절대 없을 것이다.

_블랙 엘크(인디언 영적 지도자, 1863~1950)

　　오늘날 서구의 불교 신자 대부분은 정치적으로도, 사회적으로도 진보주의자들인 것 같다. 불교 신자들이 전통적이고 보수적인 시각을 유지하는 곳들도 분명히 많다. 그러나 대부분은 진보적이고, 붓다 역시 그러했다고 할 수 있다.

　　수천 년 전 붓다는 많은 문화적 가치들을 깨부수고 그 당시 전혀 들어 보지도 못했던 평등권의 형식을 실천에 옮겼다. 비폭력, 평등 그리고 인내를 강조하는 붓다의 전통은 불교 스승들에 의해 오늘날에도 전승되고 있다.

오늘날 많은 사람들이 그러하듯, 불교도들은·전쟁과 불화가 없는 평화로운 세상의 비전을 제시한다. 그러나 우리가 핵 반대 푯말을 거리에서 흔든다 할지라도 또는 은유적으로 강의에서, 블로그에서, 트위터에서 그런다 할지라도, 우리가 자신을 완전히 무장 해제한 것은 아니다. 공격성은 아직 버리지 못했다.

우리는 너무나 자주 우리가 말한 바와 정반대로 나아간다. 자신의 소우주 안에서 서로를 향해 개인적인 전쟁을 벌이고 있다. 다른 이들이 우리에게 화를 낼 때 얼마나 자주 화, 성급함 그리고 방어적 태도로 대응하는가? 배우자가 뭔가를 가지고 우리를 비난할 때, 우리는 배우자에게 책임을 돌리기 위해 비난할 거리가 없는지 찾으려고 한다. 그리고 이러한 말싸움이 전쟁, 적개심 또는 평화에 대한 근본적인 훼방과는 다르다는 듯이 말싸움을 계속 한다.

평화와 조화 그리고 비폭력의 기본적인 원칙들은 다른 사람들과 관계를 맺는 사적인 방식으로 내려올 때면 모두 수포가 되어 버린다. 우리가 이러한 방식으로 행동한다면, 우리의 고귀한 견해와 현실에서의 실천은 서로 다른 것들이 되고 만다. 우리는 고상한 견해를 가지면서도 삶 속에서의 행동은 그 견해를 따르지 않는다.

이것이 정치의 견해로 가면, 진보주의자들은 보수주의자들을 비난하고 보수주의자들은 진보주의자들의 잘못된 견해를 비난하며 이 빈번한 입장 변화가 오간다. 당신이 더 높은 도덕적 견지를 지니고 있다고 주장하기는 쉽다. 그러나 우리의 가슴과 마음이 어떠한지를 드러내는 것은 행동이다. 적대감, 거친 언어 그리고 비난의 수사법이 널리 두루두루 칭찬을 받을 때 그리고 이러한 수사법 뒤에 숨어 있는 의도가 명백히 해치겠다는 것일 때, 거기에는 어떠한 도덕적 토대도 없다. 모든 사람을 향상시키거나 혜택을 주거나 보호하겠다는 비전이 전혀 없는 것이다.

우리가 할 수 있는 것이 무엇이든 중요한 것은 평화에 대해, 우리에게 평화가 진정 어떤 의미인지에 대해 생각하는 것이다. 가정 내에서 완벽한 외교 정책을 세우는 우리 자신을 볼 수 있을까? 가장 이상적인 평화에 대한 비전을 바로 우리 자신의 삶 속으로 가져올 수 있을까? 대부분의 우리는 세계를 지배하지 않는데, 어떻게 우리가 세상을 바꿀 수 있을까?

집에서 우리 각자가 평화와 인내를 실천하고, 자애와 연민을 실천함으로써 그 일은 가능할 것이다.

번화가의 요기(Yogi)

마천루 정글의
고독 속에서
나는 네온 빛이
물에 비친 달처럼 빛나는 것을 알았다.

차들은
아름다운 강처럼
텔레비전의 반향은
동굴 속 생각의 소리처럼 흐른다.

수 세기 전처럼
마음은 여전히 똑같이
큰 기회를 만지작거리거나
이 순간의 아름다움을 감상하는
선택지를 갖고 있다.

그래서 나는 바로 여기에 있기를 선택했다.

모든 경험 속에서

공고히 하거나 거부함 없이.

이는 이 방랑자의 생각이 들려주는 이야기일 뿐.

- 족첸 뺀롭 린뽀체, 〈열린 꿈〉

감정。구출。

초판 1쇄 발행 2018년 6월 30일

지은이 족첸 뺀롭 린뽀체
옮긴이 이종복

펴낸이 오세룡
기획·편집 이연희 정선경 박성화 손미숙
취재·기획 최은영 권미리
디자인 강진영(gang120@naver.com)
　　　　　고혜정 김효선 장혜정
홍보·마케팅 이주하

펴낸곳 담앤북스
　　　　　서울시 종로구 사직로8길 34(내수동) 경희궁의 아침 3단지 926호
　　　　　대표전화 02)765-1251　전송 02)764-1251　전자우편 damnbooks@hanmail.net
　　　　　출판등록 제300-2011-115호

ISBN 979-11-6201-078-5 (03220)

정가 16,000원